上

钱文忠 ◎ 编著

钱文忠
解读《三字经》

长江出版传媒
长江文艺出版社

目录

第一讲

人之初，性本善

人之初①，性②本③善。性④相近，习⑤相远。苟⑥不教⑦，性乃迁⑧。教之道⑨，贵⑩以专⑪。

---

① 初：初生，刚开始有生命。

② 性：天性。

③ 本：本来、原来。

④ 性：性情。

⑤ 习：习性。

⑥ 苟：假如。

⑦ 教：训导、教诲。

⑧ 迁：转变、变化。

⑨ 道：此处指方法。

⑩ 贵：注重、重视。

⑪ 专：专一。

《三字经》是我国古代的儿童识字课本，是中国传统的儿童启蒙读物，成书于九百多年前的宋朝。《三字经》一经问世即广为流传，实际上成为中国传统通用的儿童启蒙教材。而在与《百家姓》《千字文》合称的"三百千"中，只有《三字经》被尊称为"经"。为什么这样一本小书被历代人奉为经典？钱文忠先生又会以什么样的方式来解读这部传统的启蒙经典？在看似简单易懂的字句背后包含着什么样的深意？而对于今天的人们，《三字经》又有着什么样的启发意义呢？

人之初，性本善

每到开学的时候，我们都会看见很多可爱的孩子，背着很大的沉甸甸的书包，里边装满了各种各样的课本：语文课本、数学课本、外语课本……印制精美，由国家教育部门统一编纂，统一发放。这是现代的孩子。那么在古代，孩子们用什么东西来做教科书呢？用什么样的教科书来启蒙呢？当然，毫无疑问是有教科书的，只不过，当时没有一种政府统一安排的启蒙教科书！

早在秦汉时期就有大量这样的教科书，比如说《仓颉篇》《凡将篇》《急就篇》等。它们有一个共同的特点：用非常整齐的语句，比如四个字成一句，读起来朗朗上口，比较容易记诵。这样教孩子们识字，传达一些最基本的道理。但这些书都没能够留用到今天。在今天，有的人即使成了大学教授，花费一生时间也未必能读懂的书，却是当时小孩子读的启蒙书。

直到宋朝，出现了一部《三字经》，一直流传到今天。这部书从内容到形式，都有自己的特点。从形式上看，三字一句，朗朗上口，非常易于记诵，在古代是可以吟唱的。在今天很多地区，比如客家人——主要居住在广东梅州或者福建一带，还是可以像歌谣一样唱《三字经》的。从内容上来看，它用最简单的语句、最凝练的方式，把中国漫长的传统社会所集聚下来的最重要的道德、知识，汇聚在里边。正因为如此，《三字经》一直流传不绝。

在宋朝以后流行的传统启蒙书，主要是我们通常所说的"三百千"，即《三字经》《百家姓》《千字文》，这些都是孩子的启蒙读物。但是，为什么只有《三字经》称"经"呢？为什么《百家姓》不叫《百家姓经》，《千字文》不叫《千字经》呢？这就彰显了《三字经》的重要性。

在传统文化中，把一部书称为"经"，这是一种至高无上的地位和荣誉。古往今来，无数儿童就是靠《三字经》启蒙，开始了他们的求学生涯，而更多的人，也许未必识字，也许没有机会接受教育，但他们从小也听诵《三字经》，对《三字经》耳濡却不一定目染，也从中汲取了中国传统文化的精髓。《三字经》就是这么一部重要的传统启蒙经典。

也许大家会说，既然是给儿童看的书，那它一定很简单，有什么值得讲的呢？这种看法是不对的！《三字经》的确非常简明扼要，但正因为如此，它以最简洁明快的方式凝聚了最深厚的文化传统。所以，我们必须用心去阅读，用心去体会，才能真正理解《三字经》所要传达给我们的文化信息，才能理解《三字经》为什么能够流传到今天，才能够理解《三字经》对于中国人来讲，特别是对今天还处在学习过程中的孩子们来讲，有什么不可替代的意义。

《三字经》开始的六个字是什么，我想中国人都知道。"人之初，性本善。"就这六个字，从字

面意思看，就是人出生的时候，天性本来就是善的。在这貌似简单的六个字背后，有着非常丰富和深厚的文化内涵，它讲的是一个关于人性本质的哲学问题。人性究竟是什么样的？人的本性究竟是善的还是恶的？古今中外，所有的文化传统都绕不开人性论的问题。因为无论如何，我们必须首先认识自己，认识人。在中国传统文化当中，关于人性论的讨论丰富多彩。在先秦的时候，儒家传统当中就有三派的说法。

一派，孔子的说法。儒家的创始人孔子的说法是什么呢？就是接着的后六个字，"性相近，习相远"。孔子认为，人的本性并无太大差异，但由于后天的熏染，环境的影响，差别会变得越来越大。换句话说，孔子并没有告诉我们，人性是善的还是恶的，他置而不论，留下悬念。

一派，荀子的说法。荀子也是儒家非常重要的一位思想家，他和法家有极深的关系。荀子的看法是"人之初，性本恶"。人的天性本来是恶的，这个看法比较容易理解。比如，一个小孩子呱呱落地，他饿了就要吃奶，他会管母亲很劳累吗？他会管母亲有没有乳汁吗？他会考虑母亲是不是在生病吗？不会的，他非要吃奶不可。从这个角度来看，人的本性谈不上善良。

　　那么"人之初，性本善"究竟是谁的思想呢？是亚圣孟子一派的思想，但却不准确。孟子并没有说过"人之初，性本善"。他的确切意见是，人性向善。关于人性善恶，实际上，中西文化就在这里开始踏上了不同的发展轨道。我们用最简单的方法来说明这个问题。

　　在西方文化传统当中，认为每个人都是有罪的，人都有原罪，只有上帝是无罪的，也就是说"人之初，性本恶"。他们认为，正因为每个人都是有罪的，所以谁都不能相信。从社会管理运作上来讲，不能把所有的权力交给某几个人，因为谁都是有缺点的。所以必须把管理的权力、运作的权力予以分散，相互监督，彼此独立，创设一套严格的制度来限制彼此，西方的文化传统就这样发展下来。

　　而中国文化传统的主流，就是《三字经》开始的六个字，也就是沿这个思想走了下来。"人之初，性本善。"我们相信每个人天性是善良的，每个人都有觉悟，所谓满街都是圣人，人人皆可为尧舜，那还需要制度吗？每个人都是自觉的。每个人都知道不在红灯的时候横穿马路，每个人都知道不随地吐痰，每个人都知道不损害别人的利益。所以，千万别小看这六个字，里面的精义非常深。

　　重要的就是"四心说"，那么，孟子究竟是如何说的呢？

孟子何以说"人之初，性向善"呢？或者说，为什么大家都认为孟子有这样的意见呢？孟子这么说有什么理由呢？作为大思想家，孟子当然不会信口胡说，他认为"人之初，性向善"自然有他的道理。在《孟子·公孙丑上》当中，就有这样的话："无恻隐之心，非人也。无羞恶之心，非人也。无辞让之心，非人也。无是非之心，非人也。"

孟子认为，人必须有这四种心。恻隐之心，即一种同情心；羞恶之心，一种觉得不好意思，知道害羞的自省之心；辞让之心，应该知道彼此谦让，彼此谦退；还要有是非之心，知道什么是对，什么是错。他认为人必须有这四种心，没有这四种心那就称不上人了。我们可以举出好多的例子来说明孟子的这个观点。

"无恻隐之心，非人也。"《孟子·公孙丑上》中有一个非常著名的故事。原文是这样的："今人乍见孺子将入于井，皆有怵惕恻隐之心，非所以内交於孺子之父母也，非所以要誉於乡党朋友也，非恶其声而然也。"什么意思呢？古代的聚落都以井为中心，一般井上都有井栏，井栏是为了防止小孩子和一些小的牲畜掉进去。假如我们看见一个小孩子靠近井栏将要掉到井里时，每个人都会起恻隐之心。孟子认为每个人都会担心、同情，小孩子如果掉下去会淹死的。

为什么会这样呢？并不是因为你和这个小孩的父母是朋友，也许你根本不认识他们；并不是因为你觉得把这孩子救起来或拉他一把可以在乡党朋友中得到美誉；也不是因为小孩掉下去因害怕而大叫，你觉得孩子的声音实在刺耳不好听。孟子的意思是，正因为每个人都有恻隐之心，所以看见一个小孩要掉到井里去的时候大家都很着急。

"无羞恶之心，非人也。"这个比较好理解，人都有羞恶之心。

"无辞让之心""无是非之心"，就更容易理解了，以后还会涉及，这里暂时先不讲。

孟子认为，要有这四种心才算得上一个人。但是，何以证明世界上所有的人都有这四种心呢？孟子自己来进行说明。在《孟子·告子》篇里他讲了一个例子："故曰，口之于味也，有同耆焉；耳之于声也，有同听焉；目之于色也，有同美焉。至于心，独无所同然乎？心之所同然者何也？谓理也，义也。"

"口之于味也，有同耆焉。"我们每个人对于味道好的东西，都同样爱好。而至于"耳之于声也，有同听焉"，那就是说都喜欢听好听的。比如，我拿块铁片，在玻璃板上"嘎嘎嘎"地来回擦划，没人喜欢，而美妙的音乐大家都喜欢听。"目之于色也，有同美焉"，就是说都喜欢看好看的东西。恐怖的、肮脏的、龌龊的，我们都不愿意看。

口、耳、目人皆相同，那么，难道在人心上人们就没有相同的吗？其实，这个论证有问题。你觉得好吃的我还真不一定觉得好吃，谁说人的口味是一样的？我们可

以举出反例。谁说人欣赏音乐的感受是一样的？比如现在好多年轻人喜欢听摇滚音乐，我就不喜欢听，我愿意听古典音乐。

我们可以举出历史上的好多例子，来证明人性的问题很复杂。

曹操有四个儿子比较出名。

曹植才华横溢，文采斐然，为人忠厚，非常温良。曹植的才华高到什么地步呢？在曹植死后几百年，同样是大才子的谢灵运讲，如果天下诗人的才华有一石的话，曹植一个人占了八斗。剩下的两斗是谁的呢？谢灵运也不客气，他自己占一斗。那么还有一斗是谁的呢？全中国别的人来分。谢灵运那么高傲有才华的人都心甘情愿地认为曹植一个人占八斗。这就是成语"才高八斗"的来历。而曹植的天性令他觉得名位是天定的，自己接父亲曹操的班应该顺理成章。

曹丕是曹植的哥哥，可这两个亲兄弟的本性，可就相差太远了。曹丕也有文才，有诗歌流传下来，但跟曹植比差得太远。他只能跟别人去分那一斗，因为他的兄弟一个人占八斗。他好舞枪弄棒，非常擅长剑术，在中国武术史上，曹丕是有一席之地的。同时，他的占有欲非常强，比如曹军攻下邺城的时候，曹丕不是指挥将领去安抚民众，也不是先去库房里看看有什么战利品，而是先冲到袁熙的家里去，把袁熙的夫人甄氏抢过来做自己的夫人，因为甄氏很漂亮。同时，他又非常尖刻，非常爱财。曹操有个同宗兄弟叫曹洪，也就是曹丕的叔叔。这个叔叔也极其爱财，而且非常吝啬。曹丕却能费尽心机从这个铁公鸡叔叔身上拔下毛来。怎么拔呢？曹丕上门找叔叔借钱，人家不愿意借钱，你不借是吧？你不借我折腾你。他想尽办法把叔叔曹洪给折腾得够呛，最后乖乖把钱借给了他。至于他后来怎么继承了曹操的位置，大家已经知道了。他跟曹植不相往来，可两人是亲兄弟啊！

曹操还有一个儿子叫曹彰，外号黄须儿，他的头发胡子可能都是黄的，非常彪悍。史籍上没有留下过他好写诗的记载，只讲他力大无穷，武艺精湛，射箭百步穿杨，他能够射中百米以外的一根头发丝。而他力气大到什么地步呢？有一次曹彰跟老虎打起来了，他把老虎的尾巴缠在自己的胳膊上，老虎就动不了了，他把老虎给拖住了。据说还有一次，曹彰找一头象打架——估计他跟人打架实在不过瘾，别人都打不过他——他把象按在地上，那象也动不了。后来，曹操在战争中见到马超纵横驰骋、所向披靡的时候就哀叹，假如儿子曹彰在此，有你马超什么事！可见，曹彰就是勇武彪悍，力大无穷，没什么心机。

曹操还有个儿子叫曹冲，是历史上有名的神童。"曹冲称象"是个很有名的故事。史籍上记载，当时孙权为了讨好曹操，送了一头象给他。当时中原地带象很少，面对这个庞然大物，曹操就带着手下的群臣、将领琢磨，这象有多重？怎么称？大家你一言我一语，谁也没主意。曹冲那个时候还不到十岁，就在旁边说："这有什么难的？开条船过来，把这头象搁到船上，这条船不就沉下去一些了吗？我在船边画一道线，再把这头象给牵出来，接下来我就有办法知道这象有多重。"他怎么做呢？有两种说法，一种说法是往船上搬石头，待水漫到这道线时，称称此时船里的石头多重，不就知道这象有多重了吗？还有一种说法更好，曹冲叫人一桶桶往船上倒水，也倒到刻的线，倒进去几桶水，每桶水几斤是可以知道的，象的重量不就知道了吗？

由此可以看出，同为曹操之子，他们的天性差距很大，完全不像兄弟。所以，我们对"人之初，性本善"这六个字可以打个小小的问号。但是我想，"人之初，性本善"这六个字，是中国文化对人类的美好信念和期望。这么去理解它，我想是比较稳妥的。

"人之初，性本善"之后紧接着的六个字是"性相近，习相远"。这六个字出于《论语·阳货》。"人之初，性本善"据说是孟子的思想，接下来的"性相近，习相远"就比较符合孔子的思想了。但跟前面那六个字是有点矛盾的，既然"人之初，性本善"了，那怎么后来又变成"性相近，习相远"了呢？"性相近"，人的本性本来差距并不大，"习"在这里是受影响、被熏染、被污染的意思。

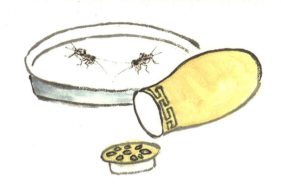

　　本性本来差距并不大，但因为后天受到环境的影响，受到各种各样外部环境的熏染，差距越来越大。这样去解释我前面讲的故事也是可以成立的。也许，曹植、曹丕、曹彰、曹冲在三个月大的时候性格都差不多，但由于后来成长的经历不同，环境不同，差距越来越大，也是可以解释的。对人的成长、教育环境，古人是非常重视的。用一句很简单的话可以说明这个问题："近朱者赤，近墨者黑。"这里讲的就是熏染的问题。这样的例子，在历史上数不胜数。

　　我老家是无锡，无锡下面有一个叫宜兴的地方，现在也是一个市，是很有名的陶都，出紫砂。当地出了很多名人，其中最有名的是晋朝的周处。这个人天性善良，但从小父母双亡，没有人去教育、引导他，没有人给他讲规矩。慢慢地他受到了不好风气的熏染，长大以后变成了一个非常粗鲁、暴躁、野蛮的人，动不动就跟人打架，打得人家头破血流，满地找牙。周围的人见了周处就躲，都不敢惹他。周处自己不知道，因为他没有羞恶之心，没有是非之心，它被遮掩了。

　　有一天，他突然发现：怎么谁见我都躲啊？他就去问一位长者。这说明他天性不坏，对老人还是尊重的。他问："为什么乡亲、邻居见了我都躲呢？"老人家说："你不知道，我们这边有三害啊！"周处道："哪三害？说来听听。"老人家说："第一，前面山里出了一只猛虎，经常下来吃人，吃家畜，害得鸡犬不宁。第二，村前面的河里有一条蛟龙，谁都不敢游泳，不敢下河捕鱼。"周处说："这不才两个吗？还有一害呢？"那老人家说："就是你周处！"

　　周处天性并不坏，他一下子觉得：原来我已经那么坏了，以至于乡亲们把我也当成一大害啊！他幡然醒悟，于是上山杀掉了猛虎，为民除害；潜到河里斩杀了那条蛟龙，为民除害；而自己则良心发现，善良的天性彰显出来，从此一路上进，后来当了大官，为老百姓做了很多好事，在历史上留下了非常好的名声。

这个故事说明什么？"性相近，习相远。"如果后天的环境不好，没有人教育，再善良的天性也会受到污染。

怎样解决这个问题呢？《三字经》接下来讲的是"苟不教，性乃迁"。如果不去教育，或者不接受教育，那么"性乃迁"，善良的本性就会发生变迁。这个"教"可以理解成两方面，如果不去教育他或者人不接受教育的话，人的本性中坏的东西就会生发出来。前面周处的故事也可以说明这个问题。而"教之道，贵以专"就是说，教育的根本之道，最重要的、最珍贵的是专一。

《三字经》所指的教育，我们必须用心去体会。此处教育有几层意思：第一层，我教你之教，教育之教。第二层，受教之教，接受教育的教。"教之道"，这个"教"还包括非常重要的两种教育，一层是道德教育，一层是知识教育。我们今天往往重视知识教育，比如从小让孩子学钢琴，学小提琴，学英语、法语，也许还要去学学溜冰。指望孩子从小成为一个知识上的超人，百般武艺样样精通。音乐上希望他成为郎朗，希望他能够精通数门外语，还要学书法、奥数。但我们往往忽视《三字经》最强调的道德教育，即怎么成为一个善良的人，怎么拥有作为善良的人所必须拥有的道德。《三字经》的教育，从来是道德先行，当然它也绝不忽视知识教育。

"教之道，贵以专"，这个"专"又有两层意思。一层意思，是终生的，要学一样爱一样，学一样像一样，学一样成一样，不要半途而废，不要浅尝辄止，这是纵向。还有一层意思是横向的，就是我要一生坚持不懈，我要把我的一生作为学习的一生，我要以一种终生学习的态度去追求道德的完善。

在《三字经》里，学习是一种生命的过程，必须一心一意地去经历，这是《三字经》里面这六个字的精义。

在历史上，我们也可以找到很多故事来说明这一观点。明代著名的书画家唐伯虎，与沈周、文徵明、仇英并列为"吴门四家"，是了不起的风流才子。唐伯虎生活在一个小康之家，自小就有绘画的天赋，很早就小有名气，当地的富豪经常把小唐伯虎请去作画。那时的唐伯虎不免沾沾自喜。但是，唐伯虎的母亲是位很了不起的女性，她觉得稍有一点点成就就满足是不行的，必须专心致志，好好去学几年画，把绘画艺术给钻研透了。于是，母亲就把这个道理跟唐伯虎讲了，让他去跟沈周学画。

沈周那时候已经是有名的大画家了，就住在离他家不远的地方。唐伯虎很高兴，反正离家也不远，就背着妈妈给他准备的行李高高兴兴地拜沈周为师。学了一两年后，唐伯虎发现自己画得很不错了，再看看老师的画，觉得也不见得比自己强到哪里去，所以习画就不太专心，想回家。沈周看出了唐伯虎的心思，就让妻子准备一桌饭菜送唐伯虎："让他出师吧，不用再学了。"沈周让人把饭菜送到院子里一个独立的房间里，这间房唐伯虎从没去过。

　　唐伯虎走进这间房，觉得很奇怪，怎么天底下有这样的房子！怎么怪呢？这房子居然有四扇门。他从一扇门进去，另外三面也各有一扇门，而每一扇门外都是不同的风景：这一道门外姹紫嫣红，那一道门外莺歌燕舞，另一道门外流水潺潺。唐伯虎觉得好玩儿，心说："师父可真够坏的，原来家里有这么好玩儿的去处也不告诉我，今天出师，他告诉我了，我先不吃饭，出去看看。"

　　往东门走想去看看姹紫嫣红，"咚"一下子撞一个包；往南门走想去看莺歌燕舞的时候，"咚"又撞一个包；往西门走想去看小溪潺潺的时候，"咚"一下又撞一个包。头上起了仨包。他这才明白，原来三扇门和外面的风景全是沈周在墙上画的画。唐伯虎一下明白，原来画无止境，自己这点水平差远了。这时候沈周进来了，说："唐伯虎啊，吃完饭你就可以走了。"唐伯虎扑通跪下："老师，您还是让我跟您再好好学几年吧！"从那以后，唐伯虎专心致志，又学了好多年。

　　后来有一天，沈周告诉他："你真可以走了，你已经学有所成，不必再跟着我。"唐伯虎的性子不再那么浮躁，便亲自下厨，做了一桌谢师宴，感谢老师对他的栽培。他把菜做好后放到房间里，这些菜里面有鱼。这时旁边跳过来一只馋猫，要偷吃鱼。唐伯虎要把猫给赶走，这猫一蹿，朝东墙上的窗口跳，想逃出去，"啪"的一声，掉下来了；这只猫爬起来又往南墙和西墙跑，那里各有一窗，"啪"，又都掉下来，猫也撞了仨包。唐伯虎忘了，自己在练习绘画的时候，在墙上画了三扇窗，连这猫也分不出来。

　　这个故事无非要说明，学任何一样东西，必须专心致志，必须持之以恒，才会有所成就。

"教之道，贵以专"，就是必须把整个学习的过程当成一个生命的历程，必须以一种终生学习的态度来度过一生，这是一个学习态度的问题。《三字经》接下来还讲述了许多关于学习环境的问题。如果把一个孩子比喻成花朵的话，那么他的成长和教育环境就是花朵所赖以生长、绽放的土壤，我们应该为学习的孩子准备什么样的土壤条件？我们应该给他创造什么样的外部环境呢？请听下一讲。

第二讲 昔孟母，择邻处

昔①孟母②，择③邻④处⑤；子⑥不学，断机杼⑦。

窦燕山⑧，有义方⑨；教五子，名俱⑩扬⑪。

养不教⑫，父之过⑬；教不严⑭，师之惰⑮。

---

① 昔：过去。

② 孟母：孟子的母亲。

③ 择：选择。

④ 邻：邻居。

⑤ 处：住处。

⑥ 子：儿子，此处指孟子。

⑦ 机杼：织布机上用于穿引纬线的梭。

⑧ 窦燕山：指五代末年的窦禹钧。

⑨ 义方：指做人应该遵守的规矩法度。

⑩ 俱：都。

⑪ 扬：传扬。

⑫ 养：养育。

⑬ 过：过错。

⑭ 严：严格。

⑮ 惰：失职。

"昔孟母，择邻处，子不学，断机杼。窦燕山，有义方，教五子，名俱扬。养不教，父之过；教不严，师之惰。"在这段《三字经》中，讲述了孟母是如何教育孟子的，这就是"孟母三迁"的故事，还讲述了窦燕山的五个儿子为什么都能考中科举，这就是"五子登科"的故事。在教育孩子的问题上，儒家思想十分强调父亲和教师的绝对权威，但当父亲或教师有错误时该如何对待呢？我们现代人，又该如何正确理解中国传统文化中的思想呢？

昔孟母，择邻处

《三字经》在"教之道，贵以专"之后，紧接着又是四句，"昔孟母，择邻处，子不学，断机杼"。这就是"孟母教子"的故事。

"昔孟母，择邻处"这六个字，以另外一种说法而闻名，就是"孟母三迁"。"孟母三迁"出自西汉刘向的《列女传》，这本书主要讲历史上伟大女性的故事。这是一个什么样的故事呢？

孟子幼时父亲就去世了，家境非常贫寒，所以只能住在城外的一个破房子里头，这个破房子正好在墓地旁。由于经常有人出殡，办丧事，小孟子生活在这样的环境当中，就受到了熏染。所以，他就学人家哭丧，学各种各样的丧仪，这对孩子的成长是不利的。孟母看在眼中急在心里，只有竭尽所能搬家，于是他们搬到了市集上。隔壁恰好是个肉铺，天天要杀猪卖肉，天天要剁肉。小孟子没事干，学着肉铺伙计天天在那里剁肉，然后学人家讨价还价，变成了一个卖肉的小孟子。孟母当然更着急了。

　　孟母咬咬牙，再搬家。对于一个很贫寒的家庭来讲，这是非常艰难的事情。孟母这次搬到一所学校附近，弦歌不绝，书声琅琅。孟子受到了学校的熏染，从此开始学打躬作揖，因为这是师生之间的规矩。他又学着背书，言行也变得彬彬有礼。这就是"孟母三迁"的故事。这个故事说明，为了孩子的成长，必须给孩子营造一个好的学习环境、生活环境和成长环境。

　　接下来，"子不学，断机杼"是什么故事呢？小孟子长大了，开始上学，但他毕竟还是个孩子，自然有童心，经常逃课。有一天，小孟子听着课觉得没劲儿，于是就逃回来了。孟母正好在织布——她主要靠织布、卖布来维持生活。孟母见儿子逃学回来，一句话没讲，就把织布的梭给弄断了，这意味着马上就要织成的一匹布全毁了，无数个夜晚的辛劳白费了。

　　孟子是个好孩子，非常孝顺自己的母亲，就跪下来问母亲："为什么要这样？"孟母告诉他："读书、学习可不是一天两天的事情，就像我织布，必须从一根根线开始，先织成一小段一小段的，最后才能织成一匹布，而布只有织成一匹才有用，才可以做衣服，才可以做被单。读书也是这个道理，如果不能专心致志，持之以恒，老是半途而废，浅尝辄止，怎么能够成才呢？"孟子领受了母亲的教诲，从此专心致志，一心向学，后来成为一代亚圣，成为中国儒家思想的代表性人物。这就是《三字经》中"孟母教子"的故事。

我想有这么几个原因：第一个原因，就像我之前讲的，"人之初，性本善"是孟子一系的思想，所以到举例子的时候，总要首先从孟子那一系来举，举亚圣是怎么培养出来的例子最有说服力。不巧，孟子从小丧父，他是在母亲的教育之下开始做学问，成为亚圣的。所以先用孟母来做例子。

另外一个原因是，也许很多母亲并没读过书，甚至可能都不识字，但母亲的教育作用是巨大的。母亲是一个孩子最早的老师，更是一个孩子终生的导师。在中国传统社会当中，女性受教育的机会很少，大量的女性，甚至包括一些名门望族的女性，并不识字。我的老师季羡林先生的母亲就是不识字的。但是，每当回想起自己所接受的最早的教育，季先生也好，胡适也好，很多大学者也好，首先想到的都是自己的母亲。

尽管在传统社会当中母亲一般都没有受过很好的教育，但对孩子道德的养成，对一些生活习惯的养成，对孩子人格的养成，母亲的作用绝对是至关重要的。

《三字经》接下来讲的是一个比较冷僻的故事："窦燕山，有义方，教五子，名俱扬。"窦燕山，是五代时期的人，是历史上一个真实的人物，他出生于富豪人家。但是，年少时的窦燕山为人不怎么样，虽然很有钱，却

心眼儿小，还见死不救。年到三十，膝下依然无子。有一天他梦见自己的父亲，父亲教育他："你现在这样为人处世是不对的，你应该改过。你应该乐善好施，多做好事。"

醒过来以后，窦燕山领受了父亲的教诲，像变了一个人一样，仗义疏财，修桥铺路，济难扶困，变成了名甲一方的好人。不久以后，他就有了五个儿子。按照传统的说法，年过三十才有子，几乎就是中年得子了。窦燕山牢牢记住自己的教训，呕心沥血地去教育这五个孩子，后来有三个中了进士，两个中了举人。这就是"五子登科"这个成语的来历。

《三字经》仅仅讲"五子登科"的故事还不够，接下来就是非常有名的六个字："养不教，父之过。"养，养育的意思，做父亲的不能光把孩子生下来，而不教育他。你只管生他养他，但不去教育他，那就是当父亲的过错。

从历史上，可以找到一正一反的两个故事来说明这六个字。

汉宣帝的时候，有叔侄两人，叔叔叫疏广，侄子叫疏受。两人一个是太子少傅，另一个是太子太傅，是教育太子的大官。教育完太子以后，叔侄俩便告老还乡了。皇帝为感谢他们对太子的教育，就赏赐了他们一大笔钱。

按照传统观念，叔侄俩回到老家以后该给子孙留下好多钱，置办动产、不动产。但是，这叔侄俩却没有这个动静，别人只看见他们经常在村里举办宴席，请自己的一些亲友，请村里的孤寡老人，请附近那些没有人去关心的、比较贫苦的人来赴宴，白吃白喝。日复一日，年复一年，皇帝赏赐的钱像流水一样地被花掉。

　　疏广和疏受的孩子们看着不敢说，但也担心："你们这么折腾，拿什么留给我们呢？"就托族里的长老去跟疏广、疏受打招呼："这么花钱，孩子将来怎么活？这样花钱，能给孩子留下什么呢？"疏广、疏受就跟长老讲了这么一段话："我们做父亲的，怎么会不爱自己的孩子？我们怎么不知道该给孩子留点东西呢？但是，我们疏家已经薄有田产，如果孩子勤劳一点、刻苦一点的话，是不会比别人过得差的。我们把那么多钱留给他们，只能使他们变得懒惰，变得依赖他人，从小锦衣玉食容易消磨斗志，对他们恐怕没有什么好处。"长老把疏广、疏受的话传给他们的孩子，他们终于领悟到父亲的深意所在。

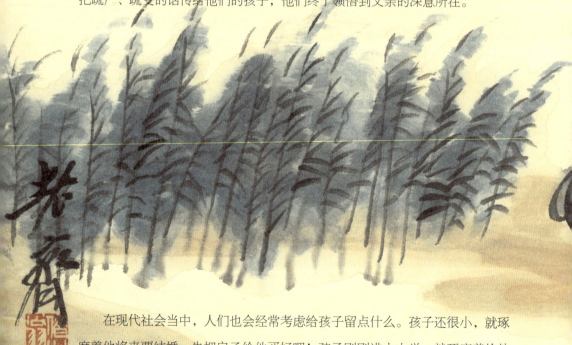

　　在现代社会当中，人们也会经常考虑给孩子留点什么。孩子还很小，就琢磨着他将来要结婚，先把房子给他买好吧！孩子刚刚进入大学，就琢磨着给他买辆车吧！但是，在中国有一句话："遗子千金不如遗子一经。"留给孩子千两黄金，不如留给他一本经书。

当然，"遗子一经"这句话不能刻板地去理解，是指留给他知识。与其留给他千两黄金，还不如留给他安身立命的知识，给他创造一种受教育的机会。应该培养他对学习的渴望和对学习的依赖，而不是对财产的依赖。

父亲对孩子的教育作用很大，必须和母亲共同承担教育孩子的职责。当然，父亲和母亲的教育功能终究还是有所区别的。我相信，父亲应当成为一个孩子长大以后能够理解的榜样。即使是和父亲感情比较紧张，和母亲感情很亲近的人，当他长大以后，想起自己的父亲，也能理解父亲当年的苦心。

反面的例子也有。也是汉宣帝的时候，有一个御史大夫——类似于今天的监察部部长，叫陈万年。他爱自己的孩子，也愿意教育自己的孩子。但他谨小慎微，溜须拍马，谁都不得罪，看到皇亲国戚、政要就竭尽讨好之能事。他的儿子陈咸却是一个刚正不阿、仗义执言、执法如山的官员。

儿子也是一个官，但职位没他爸高，经常得罪人，不避权贵。父亲当然爱儿子，所以他也担心："你小子这么弄下去，将来都不知道怎么死的，看你得罪那么些人，还好有我在。我人缘儿好，位置高，还能罩着你，但我总有走的一天，我走了以后你怎么办？这不是要被人整死吗？"所以，有一天晚上，他下定决心找儿子谈谈。

古时父子之间的规矩很严，陈万年年纪很大，躺在榻上，儿子恭恭敬敬站在屏风后，隔着一个帘。父亲在里面说话，儿子在外面聆听父亲的教诲。陈万年教育他："你应该像我一样，圆滑一点，变通一点，要明哲保身。"唠唠叨

叨一番车轱辘话。陈咸站在那里也累了，"扑通"，头撞到屏风上。这就把陈万年给惹火了："我好心好意在这儿教育你，你却在那儿打瞌睡！"爬起来，举起拐杖要去揍儿子。

古人有说法，"小杖受，大杖走"。这也是儒家的规矩。儒家并没有说父亲要打儿子，儿子只能被打死。儒家的说法是，轻轻地打你就熬一熬，狠狠地打时，儿子是有权逃的。陈咸就跑，跑的时候扔下一句："你问我为什么打瞌睡，我告诉你，你要说的话我都懂，无非让我像你那样溜须拍马嘛！"

这两种教育方针，都是父亲教育儿子，两个父亲也都深爱着自己的儿子，可是哪种好呢？

教育当然是父母的职责，但人终究要走进社会，要离开父母，去接受更完整的教育。那么，这又是谁的责任呢？老师。所以《三字经》接下来讲的是："教不严，师之惰。"不严格地进行教育，是老师的过错。惰，有疏忽、过错的意思，并不仅仅是懒惰。不是说教不严，就是老师偷懒。而是说，教不严就是老师的过错。

我找一个皇帝家的老师来说明这个问题。朱

元璋夺取了元朝的天下，登基做了皇帝。他自己没受过什么教育，但当了皇帝以后，很关心皇子的教育问题，满世界找有学问的人来教他的龙子龙孙。终于找到了一位，叫李希颜，一代名儒。

这位老师，完全以一种严格的态度来履行自己的教师职责。严格到什么地步？这些皇子上课不好好听讲他就揍，打得皇子嗷嗷叫，痛得受不了。有一个朱元璋非常宠爱的小皇子，就跑到父皇那里说："这书没法念了，老师都快把我揍死了。"朱元璋当时就火了："这还了得，敢打我的孩子？"就准备治李希颜先生的罪。

这个时候，马皇后就劝朱元璋："这是你不对。"她问那个孩子："老师为什么揍你？""我不好好背书。""那你不该挨揍吗？"马皇后跟朱元璋讲："李先生这是以圣人之道，以一种非常严格的态度来教育我们的孩子，是为你的江山社稷考虑，我们应该感谢李先生，怎么能责怪他呢？"朱元璋一下子明白了，觉得马皇后的话有道理，不仅没有治李希颜先生的罪，反而对他非常尊敬。李先生退休的时候，朱元璋专门赏赐了红袍——李先生的官并没有那么大，并不见得可以穿这样的服饰——同时赏赐了大量的钱财，让李老师告老还乡。

在传统社会中，孩子正式入学的第一天，要向孔子的牌位磕头，因为这是至圣先师。孩子还要向一个牌位磕头，上面写着"天、地、君、亲、师"。上有天，下有地，中有皇帝，有父母、祖父母。第五个就是师。这就是老师的地位。

在 1905 年中国废除科举制度之前，私塾门口一般都有一块牌子，上面写着四个字："溺爱免送。"如果你要溺爱你的孩子，就别送来，我不教。这是中国传统的师生关系，即便贵为帝王，也得懂这个道理。

在清朝，皇子入学就很有讲究。宣统皇帝溥仪的回忆录记载，他去读书的时候，会找一些同宗的人陪读。为什么要请亲贵陪伴？就是让老师骂的。如果你不好好读书，小动作不断，老师要骂你。但你是皇帝，不好骂。老师总得指桑骂槐，总得教训你吧！怎么教训呢？就找小皇帝的几个叔伯兄弟作陪，尽管也都是贝勒、贝子，但总还可以指着骂骂；但是，他不能骂溥仪。

比如他骂一个贝勒："你看你，上课不好好听，动手动脚，言语轻浮，像什么样子啊？"其实是溥仪在动。那个叔伯兄弟并没有动，正好好地在听老师讲课，但他得替皇上挨骂。这是一套制度。这说明，在中国的传统中，老师必须严格教育学生，连皇上也不能例外。

有些老师也不那么合格，那的确是有的。鲁迅先生就举过一个很好的例子，说有一个老师教孩子读《论语》，读到一句叫"都都平丈我"。学生一下子就晕了，什么叫"都都平丈我"？学生问什么意思。这个老师比较蛮横："你背就完了，我教你，你就背，你管那么多？"这个学生很小心地问："您老人家是不是有可能记错了？""老师怎么会记错？就是'都都平丈我'。"但原文是什么呢？"郁郁乎文哉"。这位老师是个白字先生，他不知道怎么把"郁郁"看成"都都"了，"乎"看成了"平"，"文"看成了"丈"，"呜呼哀哉"的"哉"看成了"我"。所以，老师居然就把"郁郁乎文哉"读成了"都都平丈我"。这样的老师，毫无疑问是不合格的。

中国传统的师生关系的优缺点，我们还没有好好地反思过，长处在哪里？短处在哪里？有些短处是很明显的，比如体罚，这个在今天是应该予以批判的，不能继承下来，现在的老师绝对不能对孩子施以体罚。但是，老师的严格教育是不是就不对了？是不是老师就可以纵容孩子了？我想，时代进步了，老师应该用新的教育方法和手段，把新的教学内容教给孩子。孩子还是应该以一种尊敬老师、刻苦学习的心态，从老师那里领受知识和教诲。

现在，好多教师对孩子不敢严格要求。因为好多家长未必理解老师，怕严格要求委屈了孩子。家里就这么一棵独苗，就这么一个宝宝，实在舍不得，于是动不动就对老师"兴师问罪"。当然，我还是要强调，传统的教育有它的毛病，我们不能继承。但是，传统的教育难道就一点道理都没有了吗？难道"教不严，师之惰"不对吗？

自然，老师自己也应该不断地提高自己的教育水平，以一种敬业的精神来履行自己的职责。那么，孩子应该以一种什么样的心态来接受教育、珍惜教育、领悟教育呢？这是《三字经》接下来要讲的又一个重大问题，请听下一讲。

第三讲 子不学，非所宜

子不学，非①所宜②。幼不学，老何为③？
玉④不琢⑤，不成器⑥；人不学，不知义⑦。
为⑧人子，方⑨少时，亲⑩师友⑪，习礼仪⑫。

① 非：不是。　　　⑦ 义：指道理。

② 宜：应当。　　　⑧ 为：做。

③ 何为：能干什么呢？　⑨ 方：当。

④ 玉：玉石。　　　⑩ 亲：亲近。

⑤ 琢：雕琢。　　　⑪ 友：朋友。

⑥ 器：器物。　　　⑫ 礼仪：礼貌仪节。

子不学，非所宜

　　在现代中国社会，大多数孩子都是独生子女，所有的父母也都"望子成龙"，但究竟应该怎样做，才对孩子的成长有利？古人教育孩子的方法，对我们现代人能不能有所启迪呢？

　　这些传统文化的经典，穿越了历史的沧桑，至今仍然在教育孩子方面起到警示的作用。那么，孩子究竟多大的时候开始学习，效果才是最好的呢？孩子的教育，应该从哪三个方面抓起？如何才能让孩子把学习变成自愿自觉的呢？

　　"子不学，非所宜。幼不学，老何为？"字面意思是非常清楚的，就是说孩子小的时候如果不学习的话，肯定是不合适的，是不应该的。年轻的时候不学习，老了能干什么呢？岳飞曾经写过一首大家都知道的词——《满江红》，里面就有"莫等闲，白了少年头"这样的词句。岁月蹉跎，时间一晃就过去了。一不小心，揽镜自照，两鬓华发早生，这个时候后悔没用，已经来不及了。

　　北朝的时候，有一个非常著名的学者，叫颜之推。这个人写了一部书，叫《颜氏家训》。这部书里边讲的，主要是怎么教育自己的孩子，怎么关心孩子的学习情况、教育情况，如何做评论。颜之推有好几个孩子，他非常重视孩子幼时的教育。颜家的孩子，三岁开始读书。古人说的三岁，恐怕是咱们今天说的两岁，有时候可能也未必到两岁。孩子可能路还没走稳呢，先得跟着父亲读书。

孩子觉得读书累，就跟父亲说："父亲，难道我们非要读书吗？您看现在好多人，没有读过什么书，也是高官厚禄，锦衣玉食，我们为什么非要读书呢？"颜之推就教育他："是的，确实有那么一些人，靠着祖上的福荫当了大官，过上了好日子。但是，每到有大事的时候，这些人都束手无策。为什么呢？就因为他们没有读书，他们没有知识。"

孩子听了，就对父亲说："父亲，那我知道了，应该读书。但能不能稍微晚点让我们读书？等长大一点再读呢？"颜之推又告诉孩子："读书应该只争朝夕，趁小的时候记忆力好，抓紧读书，尽早接触圣贤之书，这样对你们将来读书，或者长大以后为国家服务，都有很大的好处。"

按照传统的教育理论，十三岁以前是最佳的学习年龄。古人认为，十三岁以前念书，效果是最好的。为什么呢？因为十三岁以前的记忆力最好。古人非常强调记诵的功夫。孩子还小，好多深奥的道理先别跟他说，因为说了以后孩子也琢磨不清楚，应先想法让他记住。读书百遍，其义自见。把书读得滚瓜烂熟了，自然会触类旁通。很多道理，自个儿就悟出来了。或者，随着年龄、阅历的增长，小时候背的东西，突然会在某一个人生时刻，激发他的联想，由此真正地领悟了精义。所以，古人认为十三岁以前是学习的黄金时期，千万不能放松。

现在的家长都很喜欢孩子文武双全。大家发现没有，现在孩子的名字当中有一个字非常普遍，叫"赟"。这样一个字，越来越多地被用来做孩子的名字。每年的大学录取名单上，经常会看到这个字。也就是说，父母首先认为孩子都是宝贝，然后希望孩子文武双全，这是对的。但是，怎么让孩子文武双全？怎么让孩子接受良好的教育，使他能够具备将来为社会服务的技能？我们还是应该回到历史中，到古人身上去看一看。

我们可以举一个习武的例子。岳飞小时候的师父是一个武林高手，叫周侗。岳飞和王贵、张显、汤怀，从很小的时候就跟着周侗习武。刚开始岳飞跟他的师兄弟基础是差不多的。但是，为什么后来岳飞会脱颖而出，而他的师兄弟相对默默无闻呢？从一个故事就可以看出来。

有一年的冬天，北风呼啸，大雪纷飞，天寒地冻，大家都贪恋热被窝，不愿早起练武。这个时候，只有岳飞把被窝掀起来，出去练武，在雪地里舞剑。师父周侗看在眼里，他认定，在他的徒弟当中，岳飞将来最有出息。当然，岳飞还是激励了他的师兄弟。这些师兄弟后来也成了将军，带兵打仗，立有战功，只是跟岳飞不能比。所以，我们可以看到，从小打下学习的基础，形成学习的习惯是多么重要。

也许，好多父母会讲，孩子那么小，还是让他玩一玩，让他多一点童年的乐趣，这么说对吗？没有什么错。但是，这绝对不等于，你就可以不抓紧孩子的学习。孔子在《论语·宪问》里有一句话："爱之，能勿劳乎？"什么意思啊？你爱他的话，能够让他不吃点苦吗？这是孔子的话。大家想想，对我们今天的父母，或者对我们今天教育孩子有没有启发意义呢？毫无疑问是有的。

接下来是哪四句呢？"玉不琢，不成器；人不学，不知义。"字面意思很清楚，一块玉石如果不经过雕琢，不能成为一件玉器，它只是一块玉石。人如果不学习的话，就不知道什么是对，什么是错，什么是合适，什么是不合适的。

我在这里依然举岳飞的故事来说明这个问题。岳飞成为手握重兵的大将以后，就有意识地去培养他的孩子岳云，希望岳云能够成为一代名将。他把年仅十二岁的岳云编入岳家军，规定岳云：第一，虽然你是大将之子，但不许穿丝绸；第二，不得进酒肉。每天跟着骑兵一起练习骑术。

　　有一天，岳云跟着比他年长的将士练习骑术，在过一道沟的时候，一不小心连人带马摔了下去。若放在今天，家长肯定会立马跑过去："儿子，你是不是这儿摔了个包？是不是那儿给摔坏了？这儿怎么摔青了？"岳飞没有。他岿然不动，不仅不许旁边的将领扶岳云起来，反而喝令旁边执行军纪的军官打岳云。

　　才十二岁的孩子啊！旁边的将官自然要劝阻，那么小的一个孩子，他跟着骑兵练习这些本领，已经为难他了，不小心摔了一跤，将军您还要打他？很多人说情。可是，岳飞不为所动，坚持责打岳云。这就是一种教育方式，孩子岳云是一块美玉，但我要他成器，就必须从每一个细节、每一个细微的部分，来雕琢他，来培养他。果然，岳云后来成了一代名将。

　　"玉不琢，不成器"出于《礼记·学记》，《三字经》里面好多句子，是从古代的经典当中摘出来的。我们也许会问，为什么要用玉来做比喻呢？中国大概是唯一一个有漫长而悠久的玉文化的国家，过去讲究的是，君子每天都要佩戴玉，玉无故不得离身。

　　为什么我们会形成这样一个漫长而悠久的玉文化呢？中国古代有个说法，叫作"君子比德于玉"。君子拿玉、美玉，来展现或者来比喻君子所应该拥有的品德。所以，古人经常用玉来比喻自己。古人要使自己的修养越来越完善，就像雕琢玉一样，所以《三字经》用"玉不琢，不成器"来做比喻。

　　另外一点，现在咱们讲的"切磋切磋"基本上是电视剧里面的武打场景中使用的，两个武林高手碰到一起："来，咱们切磋切磋。"那接下来就应该动手了。古人不是这个意思。切、磋、琢、磨，都是古代玉器手工业上的专用代词。这四个字，都是动词。

采来一块玉石，外面可能是石头，先要把它切开，看里面有没有玉，有多少玉，这叫"切"。"磋"是指把玉和石头分离开来，把石头给磋掉，把玉给磋出来。"琢"就是把玉加以雕琢，让它形成一个大致的器具的样子。"磨"就是打磨，把玉器给磨光，最终形成一个作品，或者一个产品。

所以《诗经》里"如切如磋，如琢如磨"，讲的就是这个道理。明白了这个道理以后，我们就可以看到，《三字经》所倡导的学习是一个过程，它像制玉一样，必须经过"切、磋、琢、磨"这样一个过程。

在宋朝的时候，有一个小孩叫方仲永。他出生于一户贫寒的农家。这家没有读书人，家里自然不会有笔墨纸砚。所以，方仲永从小不仅没有读过书，甚至连书都没有看到过。但是，这个孩子的天资实在惊人。为什么呢？村里毕竟还有那么几个读书人，经常在那里"诗云子曰"地念书。方仲永从小耳濡目染。

到了四五岁的时候，有一天，方仲永在家里突然大哭，父母问他怎么了，为什么要哭呢？是要吃的呢，还是要喝的？他说，他要笔墨纸砚。方仲永突然要笔墨纸砚，父亲觉得很滑稽："你这孩子，家里从来没这东西，你要这干吗？"便从邻居那里借了一套笔墨纸砚，然后问方仲永："你知道这是什么吗？你打算拿它干吗呀？"方仲永说："我要写诗。"当时就把父亲给吓愣了："你还写诗？"谁知道方仲永拿起笔，就写了四句诗，而且还给这诗起了个题目，颇为高雅。

旁边的读书人一看，这是一首好诗啊！一个四五岁的孩子，从来没有见过书本，居然能够写出这么好的一首诗，大家一致认为方仲永是天才。方仲永的父亲种了一辈子地，儿子忽然成了神童，当然很自豪，也很高兴。开始显摆，就叫儿子："来！给叔叔作一首诗，给伯伯作一首诗。"方仲永都是出口成章。

慢慢地，方仲永的名声传到了县城里。县城里好多富人和乡绅就叫方仲永的爸爸把方仲永带来，作诗给他们看，都觉得他的诗作得不错。这些人出于好意，就开始资助方仲永的父亲："你家出了一个神童，这是我们这一方乡土的荣耀，好好培养他，争取将来给我们这个地方争光。"

谁知方仲永的父亲认为，自己的儿子既然是天才，那没什么必要再去培养了，整天就忙不迭地带着方仲永走街串巷，去展示本领。到了十二三岁的时候，方仲永依然还能作诗，但他作的诗和同龄人比起来，已经没什么差距了。到了二十岁的时候，方仲永还是能够写诗，但他的诗歌已经远远不如同龄人。

这个故事告诉我们，就算是天才，也需要后天进一步培养和教育。否则，他的才能只能泯灭，只能被浪费。

我想这两个故事从正反两个方面很好地说明了《三字经》的"玉不琢，不成器；人不学，不知义"。明白了这一点以后，《三字经》就告诉我们，应该怎么开始着手学习，在刚开始学习的时候，应该特别注意哪些问题。

《三字经》接下来讲的是："为人子，方少时，亲师友，习礼仪。"孩子小的时候，应该特别注重三个方面的培养：亲近良师，亲近益友，学习应对，即学习礼貌，懂规矩。《三字经》告诉我们，应该从这三个方面着手，引导一个孩子开始学习。

　　在春秋的时候，郑国有一个乐师叫师文，他听说鲁国出了一个了不起的音乐大师，叫师襄。于是，师文就大老远地跑到鲁国去拜师襄为师。谁知师襄眼界颇高，轻易不招弟子，一再回绝。师文一再坚持，希望拜他为师，终于感动了师襄，收他为徒。

　　但是，过了两三年，师襄突然发现师文弹琴很怪，为什么怪呢？师文很勤奋，经常练琴，按理说这没什么不好。但是，他从来都是弹几个乐章、几个片段，而不演奏完整的乐曲。师襄觉得很纳闷儿，便对师文说："你跟我那么亲近，学了两三年，居然连完整的曲子都不会弹，看样子你没什么天分啊！得了，你回去吧，就不要在这里浪费时间了。"师文说："老师，我并不是不会弹完整的曲子。因为我知道，一旦我能够演奏完整的曲子，您就会认为我已满师，会让我离开，我就不再有机会亲近老师了，所以我故意不弹。"

　　师襄一听，说："哦，你还有这个心事，你弹一曲来听听。"师文马上演奏了一曲，非常优美。师襄终于认识到，这是怎样的一个学生，于是同意师文暂缓出师。师文就继续向老师学习，细细地琢磨老师的技巧。后来师徒俩成了齐名的一代音乐大师。这就是一个亲近老师的故事。

　　在你刚开始学习的时候，除了有良师以外，你怎么去结交朋友，怎么能够找到益友，这里面有很大的学问。我们知道，古人极其重视、强调朋友的重要性。儒家的学说一向认为，朋友是一种建立在共同的理想的基础上、共同的道德追求的基础上、共同的人格基础上的一种友好关系。

中国古代有太多关于交友的故事，最有名的是桃园三结义。

我在这里给大家讲一个交友的故事，虽然不像桃园三结义那么有名，但好多人可能也听说过，这也是一个成语——"割席断交"的来源。

汉朝的时候，有一对好兄弟，一个叫管宁，另一个叫华歆。两人非常要好，要好到什么地步呢？坐在一张席子上一起读书，天天如此。古人坐在一张席子上，就等于咱们今天同坐一条板凳了，因为古代没有床，也没有今天这样的椅子，都席地而坐。

有一天，两人埋头读书，突然外面人声鼎沸，很热闹。管宁依然读书，充耳不闻。而华歆一下子跳起来，跑到门外看热闹，回来后告诉管宁："兄弟，外面好热闹，我们这个地方来了一个新官，你不去看看吗？"管宁拔出随身携带的刀子，一下子把他们同坐的那张席子割开。也就是说，从今往后不跟你坐一块儿了，在古代就意味着断交。管宁跟华歆说："我们两个不是一类人，你太好那些浮名虚节，外边有一个新官，到我们这边来就任，跟咱们有什么关系？咱们现在应该一心读书。所以我看啊，咱们断交。"

后来，这兄弟两个果然分开。临别的时候，管宁再次跟华歆讲了这个道理，华歆也听不进去。管宁虽然后来流落到了辽东，但他用仁义道德教化当地百姓，得到百姓的爱戴和拥护，在历史上留下了不俗的名声。这就是"割席断交"的故事。由此可见，古人把选择朋友看成是多么严肃、多么重要的事情。

人应该怎样来体现自己对礼仪的感悟呢？《礼记》的第一句就是"勿不敬，俨若思"。你千万不要不敬，你做什么事情，见什么人，都应该心怀敬意，应该尊重对方，应该有敬畏之心。你要端正态度，经常想事情不要轻佻。所以，我们古代的小孩好多就是小大人。当然，我们今天可以讨论，如此是不是把孩子的童趣都给消磨掉了？古人也再三地提出，千万不要把礼仪庸俗化，这也是今天我们特别要注意的一点。我们今天也非常讲究礼尚往来，是不是就掌握了中国传统礼仪的真谛呢？未必。

孔子在《论语·阳货》里面讲："礼云礼云，玉帛云乎哉？"孔子的话是说："礼啊，礼啊，难道讲的就是玉帛吗？"玉，古人非常珍贵的礼物。帛，就是很好的丝织品，古人是作为贵重礼物的。孔子哀叹，当时好多人已经把礼仪给庸俗化了，把礼仪等同于礼物。孔子看不惯，于是就发出了这样的感叹，也是一种告诫。所以，我们在现代社会讲礼仪，就要真正把握中国传统礼仪的精神实质。

接下来，《三字经》讲的是教学的内容与次第，孩子应该怎么样一步一步接受教育，应该按照怎样的轻重顺序来学习知识，这就是下一讲要讲的内容。

第四讲

香九龄，能温席

香^①九龄^②，能温^③席^④。孝于亲^⑤，所当^⑥执^⑦。
融^⑧四岁，能让梨。弟^⑨于长，宜先知。
首^⑩孝弟，次^⑪见闻^⑫，知某数^⑬，识某文^⑭。

---

① 香：黄香，东汉人。

② 龄：岁。

③ 温：温暖。

④ 席：床席。

⑤ 亲：父母亲。

⑥ 当：应当。

⑦ 执：做到。

⑧ 融：孔融，东汉人。

⑨ 弟：同"悌"，敬爱兄长。

⑩ 首：首要。

⑪ 次：其次。

⑫ 见闻：见到和听到的事。

⑬ 数：数目，算术。

⑭ 文：文字，文章，文理。

香九龄，能温席

在这段《三字经》中，讲述了黄香九岁的时候，就知道孝敬父母，这就是"黄香温席"的故事；孔融四岁的时候，就知道礼让兄长，这就是"孔融让梨"的故事。这样的故事传诵千百年，正是因为它们所提倡的孝道和悌道。那么，为什么《三字经》这样的启蒙教材中，首先要教给孩子们孝悌？这种"首孝弟，次见闻"的传统教育方式，在当今社会还能否适用？父母在教育问题上，更应该侧重对孩子哪些方面能力的培养呢？

接下来，《三字经》就开始讲述教育的内容和次第。也就是说，应该按照什么样的轻、重、缓、急的顺序，来对孩子进行教育。这方面，我们必须非常细心地去体会。因为，这里面包含着传统中国教育思想的精义，如果我们泛泛而过，那就无法体会。

"香九龄，能温席。孝于亲，所当执。""香九龄"的"香"就是指黄香，是一个人名。黄香，东汉江夏安陆人，此地大致相当于今天湖北云梦。前四史之一的《后汉书》，有黄香的传记。皇帝曾经委任他担任魏郡太守，所以黄香还是个不小的官。皇帝当着文武百官的面曾赞叹："天下无双，江夏黄童。"

但是，中国人之所以牢牢记住了黄香，并不是因为他的官职，也不是因为他被皇帝召见过，更不是因为他被皇帝夸过，而是因为"香九龄，能温席"。

黄香九岁的时候，母亲早故，黄香跟他的父亲相依为命。家里很穷，根本用不起铺褥。黄香对父亲非常孝顺。为什么这么说呢？炎炎夏日，他怕父亲睡不着，那时候又没空调，所以，他就用扇子把父亲睡的席子和枕头给扇凉了，伺候父亲安寝。在寒冬腊月，天寒地冻，黄香就自己先睡下，用自己的体温去温暖席子，温暖枕头，让父亲能够安寝。这个故事又叫"黄香扇枕"，即黄香这个孩子把枕头给扇凉了，也叫"黄香温席"，就是黄香把席子给弄暖和了。这个故事被《二十四孝》所记载，黄香被称为天下至孝之人。所以中国老百姓之所以知道黄香，乃是因为他是个大孝子。

《三字经》讲："孝于亲，所当执。"意思是对长辈、对长辈的亲人，应该孝敬。"所当执"，即没有什么好商量的，你就应该这么去做。举的例子就是黄香。由此可见，《三字经》告诉我们，居中国传统的启蒙教育第一位的是"孝"。

　　把"孝"作为孩子们接受教育的第一步，这里面自有它的道理。首先，咱们一起动动手指头写那个"孝"字看，上"老"，下"子"，谓之"孝"，也就是强调血缘关系的延续性。每个人只不过是人类生命长河中的一个环节，你今天是小辈，明天就是长辈，今天你不孝敬你的长辈，那么怎么能指望当你变老的时候，你的小辈来孝敬你呢？如果没有这种孝敬之心，人类的血缘之环又怎么能够一环一环地传接下去呢？

　　第二个字，教育的"教"字。左"孝"，右"文"。教者孝之文也。教育就是要从孝开始。培养一个孩子对血缘的尊重，培养一个孩子对长辈的尊重，同时也就培养了一个孩子对传统的尊重。

　　所以，我们可以发现，中国古代有许多伟

大的人，都在"孝""悌"上身体力行。有一个黄庭坚刷便桶的故事。黄庭坚
是宋朝的大诗人、大书法家。他那时已经是朝廷大员，而且文名很盛，家里自
然奴仆成群。可是，黄庭坚为什么还要刷便桶呢？原来，黄庭坚的母亲那时还在，
但年事已高。为了方便，老夫人就在卧室里放了一个便桶。而黄庭坚不管公务
有多忙，母亲的这个便桶一定是他亲自去刷，一直持续到老夫人去世。

周围的人觉得有点看不过去，黄先生已经是国之重臣，名望那么高，这些
事情完全可以叫奴仆去干嘛！可黄庭坚的回答是："孝顺父母是人的本分，就
像忠于君长是臣子的本分一样，这和我的身份地位有什么关系呢？孝敬父母是
子女对父母养育之情的感恩，这还有什么高贵贫贱之分吗？"

接下来《三字经》讲了一个非常有名的故事："融四岁，能让梨。弟于长，
宜先知。"孔融让梨，这个故事没有谁不知道的。"弟于长"中的这个"弟"，
在《三字经》里面被写成"弟弟"的"弟"，但念应该念成"悌"。"弟于长"，
对兄长要尊敬友爱。

"宜先知"，即应该早早就知道。当一个孩子去接受教育的时候，首先"孝于亲，所当执"，他应该孝敬，应该牢牢记住这一点。接下来讲"弟"，"弟于长"，实际上就是弟弟尊敬兄长。

四岁就知道让梨的孔融，从小就卓尔不凡，显露出出众的才华，对各种应接交往之道十分熟练。十三岁的时候，孔融的父亲担任泰山都尉，孔融跟父亲到京城去，那时候的京城在洛阳。到了京城以后，当时的河南尹，类似于今天的市长，叫李膺，名声大，地位高，架子大，脾气也很大，轻易不见人。就算你是个人物，他也不见，他只见天下闻名的人。

孔融的父亲虽然说是孔子的第十九代孙，也是泰山都尉，可是都不被李膺放在眼里。李膺连孔融的父亲都不打算见，怎么会见十二三岁的小孔融呢？但孔融很绝，就是要去看看这个架子很大的李膺到底是个什么人物。他是怎么见到李膺的呢？

孔融通晓当时的礼仪，他跑到门口，说："我要见李大人。"门卫一看来

者是十二三岁的小孩，说："李大人怎么会见你呢？"孔融答："且慢，你去通报李大人，我是他的世交之子。"这就是礼仪范畴的问题了。古人讲的世交就得是三代有交情了，就是我爷爷跟您爷爷是朋友，我父亲跟您父亲是朋友，我和您是朋友，这才能称世交。

这看门的想，这么小的一个小孩，居然是我们李大人的世交之子，那他肯定有三代的交情，我别惹他，我去通报。通报以后，这李膺也吃不准，因为那时候若谁敢说是他的世交之子，肯定不敢假冒，就说："让他进来，我看看。"孔融就进去拜见李膺，按照礼仪，规规矩矩地行礼。

李膺一看，咦，那么小一孩子，我不认识啊！就问："小先生，你祖父跟我是朋友吗？"因为年龄相差太大，都不能问你爸是不是我的朋友，得问你爷爷是不是的我朋友！孔融很厉害，他说："李大人，我的先祖孔子和你的先祖老子互为师友，难道我们不是世交吗？"李膺一想，是啊，三代世交，这都二十代了，怎么都是世交啊！

李膺很吃惊，这个孩子厉害啊！旁边的宾客都在赞叹孔融，不可貌相。这时，来了一个煞风景的人，也是一个大夫，叫陈韪。这个人能够进入这个圈子，肯定也是当时的名人。他看着孔融生气，小孩子编这么一个故事，还不能说他是编的，因为他确实是孔子的后代。李膺又不能说自己不是老子的后代，谁能说老子跟我没关系？在汉朝老子的地位还是很高的。

陈韪就用一句话对孔融冷嘲热讽，结果留下一句话："少时了了，大未必佳。""了了"，大家都读"了了"，但这两个字应该读"伶俐"，即聪明伶俐的"伶俐"。陈韪的意思是：这小孩子，看你小时候聪明伶俐，长大以后未必怎么样。大家知道孔融怎么回答的吗？孔融不能跟人对骂，人家也是个长辈，又是李大人的座上客，你怎么能跟他吵呢？回答还得守礼，怎么回答？"哎，是是是，陈大人，看来您小时候一定是很伶俐啊！"就把陈大人给挤对了，那意思是说：你小时候肯定很伶俐，你现在不怎么样。孔融就是这样一个人物。

孔融不仅聪明伶俐，而且非常从容。关于孔融，留传至今的故事，都是他小时候的事。他家里有七兄弟，孔融是老六。他哥哥的一个朋友，遭到宦官的追捕。大家知道，在汉朝宦官气焰嚣张，凶残无比。他哥哥的这个朋友实在没办法，就逃到孔融家里，要躲一躲。

那一天，孔融的哥哥正好外出了，这个朋友就把情况跟孔融讲。孔融是个小孩子，照道理来讲，吓都吓个半死。这个朋友被宦官追杀、通缉，而且又是到孔融家里来找他哥哥的，他哥哥不在，照理孔融可以说："请您别处想办法，我哥哥不在。"

但孔融没有这样做，他说："不要紧，哥哥不在，我是他弟弟，我可以当半个家，请住下。"他就把这个被宦官通缉的要犯藏在家里。事发以后，当地的官府要找孔融算账。孔氏一门争相坐牢，争相救死，都说是自己收留的，无一退缩，在当地传为美谈。

但是，让我们记住孔融的也不是这件事情，我在前面讲的两个故事恐怕听说过的人不太多，让我们记住他的还是孔融让梨的故事。这个故事见于《孔融家传》，也叫《孔融别传》。孔融有七兄弟，他是老六，每次吃梨的时候，孔融都挑一个小的吃，这个跟我们今天的观念是不一样的。现在家里孩子越小，吃的东西越大。孩子牙还没有呢，苹果要吃个大的，爷爷奶奶吃个小的，爸爸妈妈吃中等的，倒过来了。孔融没有，老挑小的吃，人家都觉得很奇怪。

孔融的回答是，我是小弟弟，当然应该吃小的了。这就是一种谦让和友爱之情。这么简单的一件事情，由于长久以来都被作为"弟"的代表，传诵千百年，而在近现代，孔融让梨的故事经常被收到小学课本里，所以在大家记忆中的孔融好像一辈子就让了个梨，别的事情都没做。其实不是，孔融做了好多事，但是孔融让梨作为中国传统美德、作为"弟"的代表流传下来了。

我国非常著名的文学家、翻译家梁实秋先生，曾经专门写过一段文字来讲孔融让梨，我觉得他讲得非常好。梁先生讲："有人猜想，孔融那几天也许肚皮不好，怕吃生冷，乐得谦让一番。我不敢这样妄加揣测。不过我们要承认，利之所在，可以使人忘形，谦让不是一件容易的事。孔融让梨的故事，发扬光大起来，确有教育价值。"

梁实秋先生讲，孔融让梨的故事所展现出来的谦让品德，是非常有教育意义的。这也正是这个故事得以流传千年而不绝的原因。

"弟道"，兄弟友爱，从曹操的几个儿子身上可以看出来。曹丕和曹植之间发生过一个很有名的故事。曹丕心眼儿极小，他忌妒弟弟曹植才华横溢，名满天下，老想找机会把他给杀了。后来他找到一次机会来整治他的弟弟。曹丕

说："不是说你很聪明，有急智吗？这样，你走七步路，作首诗；作得出来我饶你，作不出来我杀你。"

曹植就作了一首非常有名的诗："煮豆燃豆萁，豆在釜中泣。本是同根生，相煎何太急？"曹丕听了以后若有所悟，就把曹植给放了，没有加害于他。我想，在那一刻，打动曹丕的正是一种"弟道"。曹丕内心深处还是有一种"弟"的感觉，觉得自己与弟弟同根生，的确不应该逼太急了。曹丕和曹植的故事可以很好地说明"弟"。

《三字经》接下来讲的是"首孝弟，次见闻，知某数，识某文"。首先，最重要的是"孝弟"。其次要有见闻，那么要见闻一些什么东西呢？"知某数，识某文。"就是你要掌握一些最基本的东西。

按照《三字经》的讲法，一个对长辈孝敬的人，一个对兄弟友爱的人，不大可能是个坏人，这是《三字经》要传达给我们的信息。如果你真正孝顺，真正友爱，接下来，我可以放心地教你知识。如果你是坏人，教你知识，这不是为虎作伥吗？中国传统教育首先强调人的品德、道德要过关。在这个基础上，人的知识越多越好，人的本事越大越好，因为你会去做好事。

在这里，我还想再次强调"首孝弟"，《三字经》既然给它那么高的地位，我个人觉得，我们还是应该努力地领会它更深的精义。我前面跟大家讲，"教者，孝之文也"，也就是说，在中国传统当中，"孝"这个概念在教育当中，既是一个始发点和出发点，又是一个永恒的基础。

中国传统教育观念认为，知识的传授固然非常重要，但是时代是进步的，时代是会变迁的，而知识终归有过时的一天。就好比我们小时候还学珠算呢，到了初中、高中有计算器了，我们见到电脑是很晚的事情，但是现在的孩子小学就开始学电脑了。

这就说明，每一个时代有每一个时代具体的知识内容，但是中国更重视的是永恒的内容。哪些是永恒的？"孝"和"弟"就是永恒的，是不会随着时代的变迁而有所变迁的，是不应该随着时代的变迁而有所变迁的，它是作为人都应该掌握和理解的东西。

康熙年间，学者李毓秀写了一部书，叫《弟子规》，也是三字一句的，很多人都知道。里面就有"有余力，则学文"。也就是说，中国传统教育是首先要"孝"，要"弟"。你应该首先把精力、心思都放在"孝道"和"弟道"上，

如果有余力再去学文。如果前面两个你都没做到，都没做好，后面学了也没啥好处。这是《三字经》所告诉我们的真意。

接下来的"知某数，识某文"是什么意思呢？这是一些非常具体的安排了，也就是后面的知识传授的主要步骤和内容。古人是非常重视广闻博知的。中国古代的男子在年轻时代必定有一次壮游，一辈子至少一次。司马迁壮游了天下。李时珍也壮游了天下，而且不止一次。他们在出游的过程当中，访师求友，熟悉社会，了解民生，或者为自己积累资料。

我在上面讲了那么多的故事，做了那么多介绍，无非是为了说明，从《三字经》里可以看出，古人对于教育和学习的基本原则、先后次序、态度、意志都是有充分考量的。那么，做好这些最基本的考量和准备以后，按照《三字经》的说法，中国的读书儿郎又应该学习哪些知识呢？请听下一讲。

第五讲

一而十，十而百

一而十，十而百，百而千，千而万。

三才①者，天地人。三光者，日月星。

三纲②者，君臣义③，父子亲④，夫妇顺⑤。

---

① 才：基本的东西。

② 纲：法则、纲领。

③ 义：规矩、法度。

④ 亲：亲近。

⑤ 顺：和顺。

一而十，十而百

　　在前几讲中，揭示了《三字经》中关于学习和教育的重要性的论述，重温了古代日常礼仪规范和一连串生动的故事。通过这些明白如话的叙述和通俗易懂的故事，我们发现，以上部分只是有关品德教育和学习目的的概括性介绍。那么，作为古代的启蒙读物，《三字经》接下来要教给孩子们哪些具体的知识？也就是说传统的中国人最应该掌握的学问是什么？在不分学科和课程的古代，《三字经》是如何把语文、数学、自然、历史这几类知识巧妙结合在一起的？而看似简单的数字背后，还蕴含着什么样的传统思想？

　　在前面和大家一起重温了《三字经》教育和学习的重要性，教和学贵在专一和坚持，父母和师长在教育当中所应发挥的作用，学习和教育必须尽早抓起，从小抓起，以及礼仪和"孝弟"在教育中的突出地位等方面的内容。我相信，古人的这些精彩的论断，一定已经给大家留下了深刻的印象。

　　但是，到现在为止，前面所讲的一切都还只不过是教育和学习的一个导论，当然不能涵盖教育和学习的全部内容。那么，在传统中国人的眼里，或者说在《三字经》里，教育和学习的主要内容应该有哪些？换句话说，中国人应该具备哪些知识？应该掌握哪些学问？这毫无疑问是个大问题。《三字经》接下来就开始讲述这部分内容。

　　按照《三字经》，传统中国人首先应该掌握哪些知识呢？

　　"一而十，十而百，百而千，千而万。"《三字经》并不像大家想的那样，中国是个人文大国，一开始就应该学点古字，不是那样的！而是一开始先来数数。"一而十，十而百，百而千，千而万。"把这些字先给数明白了，这里边难道还有什么大道理可讲吗？为什么《三字经》一开始先教孩子数数呢？这不是应该的吗？是应该的，但里边还有道理。

　　数学，本来就是传统中国启蒙教育最重要的组成部分之一。在古代，人们从来就没有忽视过数学的教育。我们会看到，自然知识方面的教育，也从来没

有被忽视过。按照古代的规矩，只要是贵族子弟，六岁必须入学，一入学首先就要学数字和方位。一、二、三、四、五、六、七这样的数字，东、南、西、北、中这样的方位，这是必须要学的。

到了八岁，古人就必须掌握四则运算，跟今天比不算太晚。今天，孩子八岁也就是上小学的二年级、三年级，也必须学四则运算。

而周秦时代，中国古代的学校教育有六艺之说，也就是六门功课，哪六门呢？礼、乐、射、御、书、数。礼，各种礼节。乐，音乐，要学各种乐器。射，射箭。御，驾车，等于得有一个驾照，小学生就学赶马车。书，写字，基本的文字学知识。数，数学。这是周秦时代的六艺。

数，虽然在六艺当中排在最后一位，但绝对不等于说数在传统中国的教育当中地位最低。为了便于当时的孩子记述，《三字经》在"一而十，十而百，百而千，千而万"以后，接着用数字往下串着讲。第一个数字讲"三"。"三才者，天地人。三光者，日月星。"这里头的"三才"和"三光"，都是传统中国极其重要的文化概念。

首先，我们来看什么叫"三才"。"三才"就是天、地、人。什么意思呢？"才"在这里就是指最基本的东西。也就是说，三样最基本的东西是天、地、人。这个概念，虽然出现在儿童的启蒙书《三字经》里头，却是大有来历。它来自

周易的说卦。

《易经》里讲："昔者圣人之作《易》也，将以顺性命之理。是以立天之道，曰阴与阳；立地之道，曰刚与柔；立人之道，曰仁与义。""易"是什么呢？古时候圣人在创制易的时候，就是要用它来顺应、说明自然变化的规律，就是弄明白自然界最基本的变化规律是什么。古人确定天的道理是阴和阳，地的道理是刚和柔，人的道理是仁和义，这就叫"三才"。

对应着"三才"，中国古代还有一个说法，叫"三大"：天大、地大、人大。这样的说法，其实我们是挂在嘴边的，只不过大家没太意识到。这是三个最永恒的东西，最基本的东西，最重要的东西。

还可以再给大家拆一个字，中国古代常用拆字来说明问题。国王、王爷中的"王"字，为什么是这么写呢？"一贯三为王。"一贯为哪三者？天、地、人。作为一个国王，他要顺天命，要得到人民的拥戴，还要使地上太平。一贯三才能为"王"。他如果仅仅认为自己有天命，但地上不太平，老百姓不认可，照样完蛋。如果仅仅地上太平了，把疆域守得很稳，自己的边疆用各种城墙围起来，但城墙里头老百姓造反，他的江山还是不稳。这都是中国古代的传统概念。我们离开传统的启蒙教育太久了，慢慢地淡漠了，所以对"王者"就是"一贯三为王"也不太清楚了。

那么，我们还有个问题。也许大家会问，天覆盖万物，天苍苍，野茫茫；地负载万物，所有的东西都在地上。这两个"大"没有问题。人凭什么称大？怎么天、地、人可以称为"三大"，可以称为"三才"呢？

因为在中国传统的概念中，天地之间人为贵。所以，在中国传统思想当中，有着非常丰富的人本主义的资源。中国非常重视人，非常重视人文精神，非常重视以人为本。这是中国传统文化区别于西方文化的一个特点。我们是人本的，我们不是神本的。所以，大家才能明白，三才者，天、地、人。

那么，"三光者，日月星"又是什么意思？也许大家会说，这还需要解释吗？对中国古代的儿童是不需要解释的，但对于今天离传统非常遥远的我们来讲，就要解释了。

我们仰望天空，白天最亮的东西是太阳，晚上最亮的是月亮和星星，所以叫"三光者，日月星"。太阳，是阳的精华，所以叫太阳。月亮，在夜间出现，是阴的精华，所以月亮也叫太阴。除了太阳和月亮以外，天上发光的东西还有星。

但是，大家要明白，星是总称。在中国传统当中，星还分三类。第一类，叫行星。金、木、水、火、土，古人就知道这五大行星。当然，这还跟五行相关。第二类星，叫宿星，也就是所谓的二十八宿。东方苍龙七宿，南方朱雀七宿，西方白虎七宿，北方玄武七宿，共二十八宿。第三类星叫经星，除二十八宿和五行之外的都叫经星。

古代的天文学知识，大家千万不要小看。不光是中国的古代天文学很发达，埃及、两河流域、印度、玛雅文明，天文学知识都很发达，迄今为止，还留下了大量无解的谜。金字塔之谜，这大家都知道。玛雅文明基本上都跟天文学有关。

中国古代有一部书，也像《三字经》一样，是以口诀形式写成的，讲古人关于天体的知识，朗朗上口，非常便于记诵，叫《步天歌》。大家有兴趣可以拿来看看。当然，这不是我们《三字经》里面要讲的内容。也正是因为上面的原因，我们才把"三才""三光"作为最根本的、永恒的东西。

我给大家举一个例子来说明这个问题。这个观念一直到今天还是有的。大家到清华大学去，在校园里可以看见一块碑，叫"清华大学王观堂先生纪念碑铭"。这块碑有一段时间被毁掉，现在被重立起来。这块碑是为了纪念二十世纪中国伟大的学者，也是当年清华国学研究院四大导师之一的王国维先生而立，碑文是由著名史学大师陈寅恪先生写的。

这篇碑文最后的话是什么呢？"惟此独立之精神，自由之思想，历千万祀，与天壤而同久，共三光而永光。"这篇碑文现在已经被看作中国文化精神的宣言。最后一句，"与天壤而同久，共三光而

永光"，也就是说，中国文化当中的"独立之精神，自由之思想"，与日月星一样永存人间。所以说，我们一直是有这么一个观念的。

此外，每一种文化都有所谓的关键数字。换句话说，有些数字在某一些文化当中特别重要，比如我们中国人觉得数字"9"很吉祥，西方人不会觉得"13"是吉祥的。所以，我们现在去看，如果这个楼盘当中西方朋友住得比较多，那么里面往往没有13层，而有12B、12C，14楼也没有。

"三"在中国文化当中就是一个大数，一个关键数字。天有三宝：日、月、星，地有三宝：水、火、风，人有三宝：精、气、神，都是一串数字。天有三光日月星，地有三形高下平，人有三尊君亲师，都是以三来说明一种观念，来传达一种思想。

为什么我说"三"是中国文化的大数？不仅在儒家学说当中如此，在道家学说当中"三"也了不起。"道生一，一生二，二生三，三生万物。"也就是说，三是万物之母。所以，《三字经》的编排是匠心独运的，并不因为是给儿童看的书就编排得很肤浅。

"三才者，天地人。三光者，日月星。"统括起来，讲的是自然界的情况。具体到人类社会，有没有可以用"三"打头来讲的非常重要的内容呢？

接下来，《三字经》讲的正是："三纲者，君臣义，父子亲，夫妇顺。""三纲"这个概念被引出来了。三纲，在中国传统当中实在是一个太重要的概念了。

可以说，不了解三纲就根本不可能理解中国传统。

什么叫"纲"？"纲"实际上最初的意思是渔网上面那根最粗的绳子。打鱼的网撒下去，有一根最粗的绳子，下面穿着一根根网眼线。纲举目张，就是说拎着这根绳子一撒，网就撒出去了，一收就能把网给收回来了。这个就是纲。

什么是"三纲"呢？"君为臣纲，父为子纲，夫为妻纲。"这就是中国传统的"三纲"。也就是说，臣子一定要服从君王，儿子一定要服从父亲，妻子一定要服从丈夫。这是我们一般概念当中的"三纲"。但是，关于"三纲"这个重要概念，我们有几点特别要注意。

第一点，"三纲"恰恰就是对应"天地人"这"三才"的。

为什么这么说？因为按照中国传统的说法，"君为臣纲"对应的是天道，"父为子纲"对应的是地道，"夫为妻纲"对应的是人道。中国古人在思考问题的时候，非常重视照应、关联。所以，古人会把相关的概念集中起来，形成一套很复杂的概念。按照中国的说法，这"三纲"天经地义，因为它是"三才"在人类社会的反映。

第二点，从"三纲"，特别是绝对化了的"三纲"，引申出好多观念，在中国无人不知，无人不晓，一直到今天。

比如"三纲五常"。"五常"就是指"仁、义、礼、智、信"，这个我们后面要讲。再比如"三纲六纪"，这也没有人不知道的，就是君、臣、父、子、夫、妻六种身份。

引申出来的还有著名的"三从四德"。现在可能好多年轻的女孩子不太知道了。"三从"，就是"在家从父，出嫁从夫，夫死从子"。所以，在中国古代，妇女无子是灾难。在过去，假如有儿子，母亲却跟着自己的女儿住，这个儿子是抬不起头的。所以，母亲一定是跟儿子住。当然，今天我们不应讲究这个，这些应该是被淘汰、被批判的。但是，中国就有这样的传统观念。

第三点，尤其重要，大家一定要记住。"三纲"这套东西是谁提出来的？很多人会认为，发明者当然是孔子。这是错的。

孔子说过类似的话，叫君君、臣臣、父父、子子。孔子说这话是想表达什么意思？国君要有国君的样子，臣子要有臣子的样子，父亲要有父亲的样子，

做儿子要有做儿子的样子，但他并没有说谁绝对服从谁。这个概念的提出，不仅跟孔子没关系，跟荀子、孟子都没关系。

那么，"三纲"的发明权、专利权应该属于谁呢？西汉有个大儒叫董仲舒，正是由于他提出这样一套理论，汉武帝才决定罢黜百家、独尊儒术。在这之前百家争鸣，尤其道家的学说很兴盛，法家学说也有。董仲舒提出这套理论，汉武帝觉得有用，有利于自己的统治，有助于管理好这个社会。

我们知道，在汉武帝之前，汉朝皇帝中信奉儒家的并不多。汉高祖刘邦更是无赖出身，他当年看到儒生根本不当回事，就这么撇着腿坐在席子上。按理说，你坐在席子上，见到人应该恭恭敬敬地挺直腰跪坐。他不是，他趔趄着这样坐。一不高兴，遇上内急，他也懒得找个厕所，顺手拿起儒者的帽子当尿罐，撒完尿一扔。

汉文帝的皇后窦太后崇尚黄老之学。那时有一个大儒叫辕固生，负责教育太子。大儒教育太子自然注重给太子灌输儒家思想，这就把老太后惹着了。老太后生气了："你天天教他仁义道德有用吗？能当饭吃吗？我们汉家本来是有套规矩的，统治国家是王道，我们是用法家思想或者用道家思想统治的。你老跟他讲仁义道德有什么用？行，你不是厉害吗？你给我斗野猪去吧！"

窦太后就把这个老先生赶到野猪圈里，让辕固生跟野猪搏斗。把大儒逼成斗猪士了。太子一看，自己上了年纪的老师怎么斗得过野猪？赶紧扔了一把剑进去。老先生拿了剑以后，估计是野猪扑过来，老先生要躲，不知怎么就"噗"一下把野猪刺死了，捞回一条命。

后来到了董仲舒时期，儒家才开始受到尊敬。"三纲"就是董仲舒的发明，跟孔子、孟子没直接关系。

现在回过头去看五四运动，当时提出打倒孔家店、砸烂孔家店，是冲着什么去的？冲"三纲"，没有冲"五常"。仁、义、礼、智、信，大家认为还是不错的，认为还是社会需要的。其实，当时打错孔家店了，应该打倒董家店。"三纲"跟孔家店没关系，孔家店里没这个"货"。

所以，我们要明白，"三纲"这种绝对专制的理论是董家店的货。把"三纲"等同于传统中国文化的全部，从而激烈地全盘反传统，到底是对还是错？应不应该引起我们的反思？

我想大家可以思考一下。"三纲"，以及由此生发出来的那些概念，在今天哪些应该继承，哪些应该抛弃，并不是一件很容易断定的事情。我们现在能够明确地讲，应该抛弃由董仲舒的"三纲"所引申出来的对妇女进行束缚的那些东西，今天没有人再信这个了。再说"在家从父，出嫁从夫，夫死从子"，谁理你啊？至于君臣关系，今天也不存在了。

但是，一些像讲父子、夫妻的关系的内容，难道就没有值得我们继承的吗？难道不值得我们参考吗？或者不值得我们发扬吗？只要人类社会存在一天，父子关系、夫妻关系总归是存在的，不可能消灭的。如何处理好这些关系，终究还必须从传统当中去汲取经验，或者吸取教训。总而言之，要从中国传统中寻找智慧。传统中的父子关系，并不像"三纲"讲的那么生硬。

我们前面讲过"香九龄，能温席"，我们讲过岳飞父子，讲过窦燕山有五子，讲过颜之推父子，都很温馨。当然，有的是爱护的温馨，有的是严厉的温馨。岳飞对他的儿子很严厉，但也传递了一种温情。总之，没有这么生硬。

我在这里再给大家讲一个父子情深的故事，叫击鼓救父。南北朝时，南朝有一个少年英雄，叫吉翂。翂，是振翅高飞的意思，很吉祥。吉翂从小就是一个很孝顺的孩子，十一岁的时候母亲因病去世，他就和几个弟弟跟父亲一起生活。

他的父亲担任县令，后遭人诬陷下狱，被押解到当时的京城，准备处死。十一岁的小吉翂为了救父亲，赶到京城，不顾生死，到皇宫门口击鼓鸣冤。

当时的皇帝是鼎鼎大名的梁武帝。梁武帝在中国历史上是非常有名的信佛的皇帝。一是因为他是第一个下令僧人只能吃素的皇帝，在他下令之前僧人不一定全吃素。二是他动不动就出家当和尚。群臣一看，皇帝跑了，只好把国库里的钱全部掏出来，把他赎回来继续当皇帝，如此反复。

梁武帝一看，怎么那么小的孩子请求代父而死？一定是被人指使的，所以，梁武帝下令廷尉蔡法度严加审讯，看看背后有没有人指使他，让他来鸣冤，扰乱司法程序。

蔡法度当然也觉得奇怪，一个十一岁的孩子，居然不远千里，要求代父而死？于是，就在公堂上摆满了刑具，那些衙役把小吉翂推倒在地，打了一顿，问："你这么小的孩子，是不是有人指使你到皇上这儿来鸣冤？"

吉翂回答："我是个小孩子，岁数是很小，但再小，我也知道死是可怕的。然而，我幼年丧母，还有好几个弟弟，如果父亲被诬陷，被杀了，谁来养活我的弟弟？我又小，没有这个能力。所以，我只能请求你查明这个冤案。如果查不明，你就把我杀了，我代父亲去死。"

蔡法度当时就愣了，跟吉翂讲："我看你很聪明，将来前途不可限量，为什么小小年纪就请求代父而死

呢？"小吉翂说："鱼虾都知道生的可贵啊！死是难过的，更何况人呢？我年龄再小也是个人，谁愿意无缘无故去死？我就是为了给父亲洗冤，就是为了能够救活我那几个年幼的弟弟。"

蔡法度那时已经认识到，大概这里面是有冤情的，他被感动了，也想救这个孩子。他就下令："行行行，先不论这个，我再去查。我先把你的手铐脚镣换成小号的。"他不是小孩吗？当时戴的却是死刑犯的大铐。大家知道小吉翂怎么说吗？他说："我既然请求代父而死，那你就不用给我换成小的，就给我戴着大的手铐脚镣。"

后来，蔡法度把审讯过程禀告了梁武帝，梁武帝也非常感动。经过彻查，他父亲的确是被冤的，所以就下诏释放了这对父子，并且加以褒扬。这难道不是一个父子情深的故事吗？这样的故事在历史上很多，俯拾即是。

所以，我们要知道，《三字经》的可贵便在于"君臣义，父子亲，夫妇顺"。《三字经》的三纲可不是董仲舒的"三纲"，董仲舒的三纲是"君为臣纲，父为子纲，夫为妻纲"。

而《三字经》里的"三纲"：君臣义，君臣之间要有一种道义，要有彼此恰当和合适的关系，这是一纲。父子亲，父子之间要亲爱，这又是一纲。夫妇顺，夫妇之间要和顺。所以大家千万不要以为《三字经》是一本很简单的书，我们对传统的东西要有自己的判断和抉择。

从"三纲"这一节来讲，《三字经》跟董仲舒的"三纲"风马牛不相及。它倡导的是一种爱，一种关切，一种道义，而不是绝对的单向控制和服从。

关于"夫妇顺"，我想有一个故事可能大家都知道，那就是"举案齐眉"。

东汉的时候，有一个书生叫梁鸿，家境贫寒，但刻苦勤奋，努力学习，后来得到机会进入太学，就是现在的大学读书。

现在有一些学者认为，北京大学的历史就应该从东汉太学算起。前一段时间北大庆祝百年华诞，百年的历史在全世界的大学里实在不能算长。有的学者就提出，从东汉太学算起吧。这一算就很长了，这个说法不是完全没有道理。

梁鸿就是太学生。学业结束以后，梁鸿回到了家乡，很多人要给他说亲，都被梁鸿一一拒绝。那么，梁鸿究竟打算娶什么样的女子为妻呢？那个时候，同县有一户人家姓孟，有个闺女叫孟光。孟光相貌平平，估计跟诸葛亮的太太差不多。当时的记载说她又丑又胖，到了三十岁还没出嫁，平时素面朝天，也不讲究打扮。

在东汉的时候，三十岁的女性做奶奶、外婆的有的是，不奇怪。十五六岁出嫁，生个孩子，自己的孩子又十五六岁生育，三十岁左右就可以做奶奶、外婆。所以，她在当时是大龄姑娘了，一直不嫁。

有时候，父母问她："你愿意嫁给谁呢？"孟光的眼界很高，回答说："我要嫁，就嫁梁鸿这样的人，别人我不嫁，不予考虑。"这梁鸿也有意思，听闻如此，就把聘礼下到孟家。

孟光嫁给了自己的如意郎君，非常高兴。于是天天化妆，希望自己的郎君能够爱自己。她是一片好意，哪知道连续几天，梁鸿瞅都不瞅她一眼。孟光觉得很冤，很哀怨："女为悦己者容，我为你打扮，你瞅都不瞅我一眼。我虽然长得不咋样，但现在打扮一下，总归也是在进步的。"

梁鸿告诉她："我当初之所以娶你，就是听说你朴实，素面朝天，你又想着嫁给我，而我是一个穷书生。正是因为如此，我特别敬重你，所以才把聘礼下到你家，娶你为妻。而今嫁进来了，你这一通折腾，把我吓着了。"孟光恍然大悟，再也不过分打扮，又换上布衣布裙，非常勤劳地操持家务。梁鸿说："这才是我要的妻子。"

　　后来，夫妻两个搬到了霸陵山中。平时，因为要维持生活，一个人种地，一个人织布。梁鸿颇有才气，闲来写诗、作文、弹琴，就在山里隐居着。仅仅很短的时间，他在霸陵山里面名声又大起来了。梁鸿一看，待不住了。他想过隐居的生活，所以又带着孟光跑到齐鲁一带，在那里隐居。隐居一段时间名声又大了。因为他毕竟是个文人，还是好舞文弄墨，弹琴作诗，于是又跑了。

　　后来，他们跑到了当时还比较荒凉的吴中一带，借住在当地的富商皋伯通家里。在这个人家里，梁鸿天天出去给人家种地，或者给人家舂米，干点力气活，孟光则在家里纺纱织布。每天忙完，梁鸿很劳累地回家，孟光会给他准备好简单的饭菜。

　　他们不是很富有，但饭菜准备得非常规整，按照礼仪放在一个案子上。这个案子实际上是带脚的小桌子，妻子每次把它举到齐眉的高度递给丈夫，表示一种尊敬。这还不是"举案齐眉"的全部，梁鸿接的时候也要齐眉接过的。你不能说女孩个子矮，她跪着举，你梁鸿一撩，给撩过来，那是不符合礼仪的。梁鸿也要跪下，弯下腰从妻子手里接过来，这个才叫举案齐眉。

举案齐眉是夫妻之间非常和谐、和顺的表现。

天天如此，终于有一天，被富商皋伯通发现了。他思量，我原以为这对夫妻就是在外面打零工的。这个女的相貌也不出众，整天布衣布裙的，怎么会如此守礼仪呢？皋伯通顿时觉得这对夫妻不是一般人，从此对他们非常尊敬。不久以后，梁鸿去世了，孟光带着孩子，辗转千里回到了家乡。举案齐眉的故事就在吴中一带流传。

我之所以给大家讲这个故事，用意就在于说明，"三纲"之类的学说，在《三字经》里并不是被简单地照搬进来的。《三字经》的作者把自己的思想和对"三纲"的真正理解融入《三字经》的文字里边。董仲舒的"三纲"，毫无疑问是我们今天必须予以批判的，必须予以抛弃的。

而《三字经》里的"三纲"呢？"君臣义"已经不符合我们这个时代了。可是，难道它所传达的"父子亲、夫妇顺"也因为时代的流变而失去了价值吗？我想，绝对不是！中国是一个人文气息浓厚、人文传统悠久的国度，这是毫无疑问的。

可是，从《三字经》来看，教育和学习的内容却顺从着一种规律，什么规律呢？从天文、地理和自然开始，并没有从人文类的学科开始。这是为什么？《三字经》的作者是出于什么样的考虑？《三字经》在这方面又有哪些内容？请大家听下一讲。

第六讲

曰春夏，曰秋冬

曰①春夏，曰秋冬，此四时，运②不穷③。

曰南北，曰西东，此四方，应④乎中⑤。

曰水火，木金土，此五行⑥，本⑦乎数。

---

① 曰：叫作。

② 运：运转。

③ 穷：穷尽。

④ 应：对应。

⑤ 中：中央。

⑥ 五行：组成万物的五种要素。

⑦ 本：根源。

在对孩子的启蒙教育中，《三字经》是以古人对自然和社会的认知为基础的，春夏秋冬为四时，东西南北为四方。这些都是正确的，但古人为什么认为中国人是居住在世界的中央呢？古人是如何发现水火金木土这五个基本元素，又是怎么以水火金木土的相生相克，形成了既简单又神秘的五行学说的？五行学说在中国古代时期是怎样影响着人们的思想和行为？为什么现代社会中，五行学说常跟迷信联系在一起？我们又该怎么认识这个问题呢？

上一讲我们主要讲了以"三"开头的两句话，接下来的《三字经》，就是"曰春夏，曰秋冬，此四时，运不穷"。《三字经》也在进行一种尝试性的教育。首先教给孩子，一年有四季，春夏秋冬，这四个季节不停地循环往复，无穷无尽。

"曰南北，曰西东，此四方，应乎中。""应乎中"这三个字里边到底蕴含着多少深意？是不是像我们大家认为的，"应乎中"对照着中间、东西南北？这里面的确有值得解释的东西。这"应乎中"的"中"，大家真的都理解了吗？

我首先问大家一个问题，"中国"是什么意思？很多人会讲，中国就是中华人民共和国的简称，对吗？不全对。中国的一个主要的含义，或者说相当主要的含义，是说我们这个国家居于世界之中央。这是中国古人对世界的一个观感，认为中国就在世界的中央。

到了战国的时候，古代的中国人对世界的看法有了进步，就出现了另外一种说法，还是跟"四"有关的，叫"四极"，也就是说四个极端、四个极边。

哪"四极"呢？东方大海、西方流沙，那个时候我们对西边的认知可能刚刚到今天新疆那一带。北方千里冰雪，南方千里炎火，炎火就是熊熊大火，非常热。这叫"四极"。对于世界其他地区的了解，对地球上其他部分的了解，是随着中外交流史的推进，一步步增加的。

东西南北四个方向没有问题。那么，我要提出一个问题，古人最早确定的是哪个方向？古人最早确定的是东、西向。为什么古人最早确定东、西向，而非南、北向呢？

我们去看汉字，当然是看繁体的汉字，如果大家能看懂篆文更好。"東"，一个日，一个木，正是表示太阳从树上冉冉升起。古代的自然环境当然比今天要好，到处都是森林，郁郁葱葱。古人一看，太阳怎么从树上升起了？还每天都从那里升起，固定的。好，就先把它定为东。

古代人跟着太阳的轨迹看，每天差不多的时候，它又从西边落下去了。在甲骨文当中，西是什么样子呢？"西"就是像很疲倦的一只鸟，在树上歇息。这就是西，西有点歪歪的，好像迷迷糊糊要睡着了。这就是"东西"。相对着，我们才定下"南北"。

"应乎中"这三个字，对我们的影响到底有多大？这个例子远在天边，近在眼前。拿北京城做例子，我们就能明白什么叫"应乎中"。北京城的中心在哪里啊？紫禁城。紫禁城的中心在哪里啊？在太和殿。太和殿的中心在哪里啊？皇帝宝座。皇帝宝座是放在太和殿正中间的，那都是"应乎中"，对应着中间。

相应地，北京有东、西、南、北四城，对应天、地、日、月四坛，即天坛、地坛、日坛、月坛。这样的一个结构，可见中国古人的思想受《三字经》所表达出来的这类思想的影响有多深，"应乎中"在古人心目当中的重要性有多大！

大家到太和殿去参观，稍微把头抬起向上看看，上面是个巨大的蟠龙藻井，里面有龙，龙嘴里衔着一颗大球，意思就是龙戏珠，寓意吉祥。这个珠子的下面就是古代皇帝的宝座，非常准的，正对着皇帝的头。古人认为皇帝的头就应该是正对着这个珠子，一点不能差，如果偏差了要出大事。是不是只是说说而已的呢？不知道，反正一直有这个说法。

袁世凯称帝，年号洪宪。他往这个宝座上一坐，抬头一看，顶上那么大个球，心里有点发虚。袁世凯这皇帝本来就当得有点心虚，他怕什么呢？他怕这个球

掉下来，把自己那个袁大头给砸了。他外号叫袁大头，人的头再大也顶不住这颗珠子。所以，他就叫人把宝座往后移了十几厘米。如此说来，他登基的时候坐的宝座，已经不在原来的位置。所以，洪宪闹剧八十三天，袁世凯就一命呜呼，没能够如他所愿当上千秋万代的皇帝。

当然，我们知道，袁世凯之所以没能够成功恢复帝制，是因为他从根本上违背了历史的潮流和民心，绝对不是搬了一下椅子，他就当不成皇帝的。但是，好多老百姓宁愿相信袁世凯是因为搬椅子，违反了"应乎中"的规矩，所以他八十三天的皇帝梦就完了。

《三字经》接着就是"曰水火，木金土，此五行，本乎数"。讲五行，水、火、木、金、土。五行的观念，对中国人思想观念的影响实在是太大了。五行的问题，吸引无数学者穷尽了毕生的精力，也影响着中国人的思维方式。这是一个非常复杂的问题。我在这里只能努力地用最简单的方式向大家做个说明。

《三字经》中五行的排列是，水、火、木、金、土。五行相生相克，什么叫克呢？水克火，这没有问题吧？古人看到着火了，一盆水泼上去，火灭了，所以水克火。这个观念直到发现石油才被改变。从中国宋代开始，甚至更早就已经发现石油，人们发现用石油点着的火不能用水泼，越泼越旺。但是，这个时候五行学说早已流行。

这又是哪儿来的呢？五行的思想最早起源于什么呢？起源于非常朴素的对日常生活的观察。水可以灭火，那么，水克火。

金属做的工具，比如用铜做的斧子，可以砍木头，那么金克木。

那么，金属又是从哪里出来的？从土里面出来。我们去采矿，都要从土里面往外找，古人对岩石和土都是一块儿来看的，那么，就是土生金。

古人就是从日常生活的经验当中得到了这些知识，发现很容易解释问题。

煮饭时，为什么加点柴火，加点木材，火就更旺了呢？所以，木生火。

为什么把有些金属用火高温加热以后就变成液体了呢？所以火克金，因为火比它厉害，能把它熔化。

古人觉得这套理论不错，可以很好地解释自然界的情况，就把它固定了下来。五行学说原本是古人认识世界、解释世界的一种方式，或者是一种工具。

同样还可以举一个例子。《西游记》里，唐僧和猪八戒经常被妖精抓去。妖精当然要吃唐僧肉了，不过对猪八戒的耳朵也感兴趣。猪耳朵，南方叫顺风。妖怪就要把师徒两个放到笼屉上蒸熟，要原汁原味的，不能剁碎了吃。

有一次，一个小妖精说："猪八戒皮糙肉厚，把他搁下面蒸。唐僧细皮嫩肉，一掐就掐出水来，搁上头蒸。"这个时候，孙悟空就悄悄地跟猪八戒说："师弟，别急，这个小妖精不懂行，不懂五行，火性延伸，这是五行的原则。实际上，搁在上面特别容易给蒸熟了。火性延伸，热量往上走，照他这么煮，你八戒还没煮熟呢，师傅已经煮老了。"

一出来就变成俩八戒了，怎么还会有唐僧的嫩肉呢？孙悟空为什么会讲这个？大家知道，孙悟空是懂五行的，孙悟空的师父是道家，特别懂五行。所以，孙悟空一辈子的梦想是跳出三界外不在五行中，他就不愿意在这圈子里混，他要自由，有一身的猴性。这是从《西游记》里可以看到的用五行的观念来说明某个问题的例子。

我们刚才讲过了水、火、木、金、土相生相克。那么，水、火、木、金、土对应的数字是什么呢？一、二、三、四、五，古人把它对应好的。我们讲有五脏，就是肾、心、肝、肺、脾；有五官，耳、舌、目、鼻、唇；有五味，咸、苦、酸、辛、甘；有五情，惊、喜、怒、悲、忧；有五色，黑、赤、青、白、黄。这样关于"五"的数字可以举好多好多，它们都是严格对应的。

五行：水火木金土

五数：一二三四五

五脏：肾心肝肺脾

五官：耳舌目鼻唇

五味：咸苦酸辛甘

五情：惊喜怒悲忧

五色：黑赤青白黄

每一样东西对应着五行里面的一个元素，同时对应着一个数字，类似这样的组合，讲一天一夜都讲不完。这样就已经形成了一张无所不在、无所不包的网络，笼罩了古代中国人的思想。所以，古人的思想很难跳出五行外。想来想去都这样，相生相克。

中国的五行学说，还有一个显著的特色，就是它居然成为人们普遍认可的一整套政治学说。金、木、水、火、土，这样的五行怎么会变成政治学说呢？因为古人相信，皇帝是真正得了天命的。皇帝的诏书开头的四个字就是"奉天承运"，也就是说，皇帝按照天的旨意，继承或者担负了某种运，即五行当中的一运，金、木、水、火、土里面要对应着一个，否则就不对。后者对前者而言一定是一种相克的东西。

咱们来举个例子。我们知道，秦朝的皇帝认为自己是水运，或者水德。所以，与之对应的颜色是黑色。这意味着秦始皇的衣服一定是黑色的。现在拍电视剧，如果有人让秦始皇穿上一身杏黄色的衣服，那就是没有历史常识。中国不是每一代皇帝都穿黄颜色的衣服，黄颜色也对应着一种德。秦朝的皇帝认为自己对应水德，而水德对应的颜色是黑色，所以秦朝尚黑。对应的数字是六，所以秦朝天下有三十六郡。这是有一套严格规矩的。

那么，什么能克水啊？土。所以，汉朝的皇帝认为，我是土德，我是土运。那么，汉朝的皇帝应该穿什么颜色的衣服？黄色，因为土克水。这也就意味着汉朝克掉了秦朝，所以他穿上了黄色。土对应的数字是五。所以大家可以看到，有一段时间，西汉的每一个年号都只

有五年，某某五年改元，又五年以后再改元。因为，
土德对应的数字是五。所以，五行学说在中国变
成了一套统治学说。

　　那么，为什么讲五行"本乎数"呢？刚才讲了，
秦朝的水德对应六，六六三十六郡；汉朝是土德，
对应数字五，所以有一段时间的年号都是五年改
元。"数"和五行的关系，可以讲很多。诸位如
果到浙江宁波去旅游，有一个地方你一定会去的：闻名世界的藏书楼天一阁。

　　为什么叫天一阁，不叫天二阁，也不叫天三阁呢？藏书楼最怕的是火，一
烧就完了。它不大怕虫子，虫子慢慢咬，一本书吃一百年，至多钻些窟窿。当
然虫子也能把书毁了，但主要是怕火。所以，当时的人希望有水，希望这个藏
书楼有水命，而水克火，于是就不会着火了。

　　为什么叫天一阁，而不叫水阁呢？古人很有学问，也比较含蓄，不像咱们
现在那么直白。因为天一生水，天对应的是一，再对应的是水。这是严格对应的，
所以这就是"本乎数"。古人相信，"天"和"一"都跟水有关系，所以叫天一阁。

　　有了此名，这个楼好像真是没有着过火。当然，咱们不能从迷信的角度看。
我们当然也不希望一个祖国传统文化的瑰宝被火焚毁了。这就是天一阁，可以
说明什么叫"本乎数"。

　　我们也一定要警惕，进入现代社会后，五行学说似乎比古代还要发达。但是，
主要被用来算命，用来进行一些跟迷信相关的活动。这一点，我们特别要注意。

我也可以跟大家举几个例子。比如一对男女结婚，经常有人问："你什么命啊？"男的说："我土命。"女孩说："我水命。你要克我，土克水，婚姻不行啊！"这个就很可笑。可笑的还有，在《红楼梦》里，最重要的是五个人：宝钗、黛玉、湘云、晴雯、宝玉。有人就用五行的学说，来解释这五个人错综复杂的命运。为什么呢？

宝钗，大家一听什么命啊？金命啊！宝玉呢？土命，玉，也是石头的，玉石是从土里出来的。晴雯火命，湘云水命，黛玉木命。所以宝钗为什么最终和宝玉能够成为夫妻呢？金玉良缘。为什么黛玉和宝玉感情那么好，但最终没能结婚呢？一个木命，一个土命，木石前盟，当然不行，实现不了。为什么晴雯的脾气那么暴躁呢？晴雯只不过是一个丫鬟，却动不动跟主子翻脸。因为她是火命，当然性子比较暴。史湘云水命，湘江水逝楚云飞。

解读《红楼梦》有各种各样的派别，比如索隐派，还有一派就是五行派。它用五行的学说来解释《红楼梦》里每个主要人物的命运，以及他们相互之间错综复杂的关联。这种解读看看可以，很惊心动魄，表面上看也有点道理，但恐怕还是不怎么靠谱。所以，我们千万要注意，在讲五行的时候，千万不要把古人认识世界、了解世界的一种方法或者手段，当作我们今天去相信迷信的借口和依据。

用来解释现实社会、解释自然界的五行学说，和用来进行某种毫无根据的判定、推测、规定的那种所谓的五行学说不是一码事。我找到这么一张表，据说五行跟职业相关。

　　比如木命的人比较适合东方。刚才讲过，东方就是太阳从树上升起来的地方。木命的人可以进入木材业。还有说火命的人适合南方。南方炎火，适合干什么呢？想想就知道，灯光照明，火命的人可以做灯光师。那么，土命的人宜做房地产，还可以进入农业、畜牧业。水命的人适合北方，可以进入航海业。金命的人适合西方，可以从事金属材料行业，还可以进入汽车业、交通业、金融业。这一套东西是残留在现代社会的很可笑的东西。把五行庸俗化、迷信化，没有任何道理。

　　在古人眼里，五行是构成宇宙万物的基本要素，是最基本的东西。所以，五行也包含在世界万物当中。古人根据自己的日常生活经验，发现了这五种要素之间某种表面的关联，把它认定下来，根据他们当时的认知水平用它来解释世界，这是无可厚非的事情。

　　古人受到他们所处时代的限制，而我们生活在现代，应该通过古人五行学说里合理的成分和某种哲理性的思考，去探究古人了解和解释世界的努力。古人这种求知的欲望，是非常值得我们尊重的。但如果我们接过古人五行学说，去做某些迷信的事情，恐怕连古人都会嘲笑我们。

　　五行是自然界的五种要素。在人类社会当中，五行对应什么呢？五常。"五常"是哪"五常"？为什么称它为"常"？这"五常"对于人类社会到底有多大的意义和作用？请大家听下一讲。

第七讲

曰仁义，礼智信

曰仁义，礼智信，此五常^①，不容紊^②。

稻粱菽^③，麦黍稷^④，此六谷，人所食。

马牛羊，鸡犬豕^⑤，此六畜，人所饲。

曰喜怒，曰哀惧^⑥，爱恶欲^⑦，七情^⑧具^⑨。

匏^⑩土革^⑪，木石金，丝^⑫与竹，乃八音^⑬。

高^⑭曾^⑮祖，父而身^⑯，身而子，子而孙，

自子孙，至玄^⑰曾，乃九族^⑱，人之伦^⑲。

---

① 五常：五种基本德行。

② 紊：紊乱。

③ 稻粱菽：粮食作物。稻即大米，粱即小米，菽即大豆。

④ 麦黍稷：粮食作物。黍稷即黄米。

⑤ 豕：猪。

⑥ 哀惧：哀，悲哀；惧：恐惧。

⑦ 恶欲：恶，憎恶；欲：欲望。

⑧ 七情：喜、怒、哀、惧、爱、恶、欲。

⑨ 具：具备。

⑩ 匏：葫芦。

⑪ 革：皮革。

⑫ 丝：丝弦。

⑬ 八音：匏、土、革、木、石、金、丝、竹。

⑭ 高：高祖，祖父母的祖父母。

⑮ 曾：曾祖，祖父母的父母。

⑯ 身：自身。

⑰ 玄：玄孙，孙子的孙子。

⑱ 九族：高祖、曾祖、祖辈、父辈、自身、子辈、孙辈、曾孙、玄孙。

⑲ 伦：次序、辈分。

　　《三字经》作为传统的启蒙教育，在讲完了对自然界的认知以后，就开始告诉你怎样为人处世。在中国传统文化中，仁、义、礼、智、信，作为一种道德准则和规范的基本内容，源于先秦时代的诸子百家。那么，在《三字经》中，能否打乱仁、义、礼、智、信的排列顺序？又为什么要把"仁"排在最前面呢？

　　将仁、义、礼、智、信分离开来，在诸子百家里早就已经有了。但是，将它们综合起来，成为仁、义、礼、智、信这样的一个系统，却是汉代儒家学者的工作。当时叫五性，就是五种性质。汉代有一部非常重要的著作，叫《白虎通义》，根据其中的经典解释，仁是指仁爱，义是指得体，礼是指合乎规范，智当然是指明辨是非，信是指专一守信。

　　后来，大家认为，仁、义、礼、智、信应该是经久不变的，应该是超越一切时空限制的，是永恒的，所以把它叫"五常"。也许大家会讲，"五常"不就是五样最重要的东西嘛，可以讲成仁、义、礼、智、信，也可以讲成信、智、礼、义、仁，还可以讲成义、信、智、仁、礼，可以把先后次序打乱了来讲，反正是"五常"。这可是大错特错！我们忽略了《三字经》中的这三个字："不容紊。"就是绝不允许紊乱，这是非常重的语气。

　　按照儒家的解释，"仁"毫无疑问是最重要的。我想，一种爱的情怀，是一切伟大人格的基础和最重要的部分。在中国，"仁"这个字是一切美好事物的代名词，好人过去叫仁人，讲仁义的人；好的政治叫仁政，好的声誉叫仁声。大家都知道佛陀释迦牟尼，他的名字在早期就被译作"能仁"。佛教从印度传到中国，古人起初不知道佛陀怎么译。佛陀是音译，那么怎么意译呢？早期的中国人把他和仁挂钩，所以叫"能仁"。

　　说得俗一点，大家嗑瓜子，嗑出来的是瓜子仁，吃干果是吃果仁。为什么不吃瓜子皮，不吃外面裹的壳，而要吃那里面的仁啊？因为"仁"是好的，是最好的东西，是可以吃的，是有营养的。所以，"仁"在中国古代，是一切美好事物的代名词。

仁、义、礼后面是智和信。这个顺序为什么不容紊乱？这里有中国传统思想的一种精义所在。按照儒家思想，智慧和守信是好东西，但必须以仁、义、礼为前提，否则智和信可能是很可怕的。

如果一个人不讲仁义道德，也不守礼仪，不遵守社会秩序，那么社会就会大乱。比如说，有两个坏人商量：今天晚上怎样去偷某件东西。那东西被锁在一个柜子里，甲比较傻，他打算抡着斧子就把锁劈开，再把东西拿走。乙的办法很聪明，他打算去配把钥匙，悄悄打开，将里面的东西轻松地拿走。有智慧反而可以做更大的坏事，更能够掩盖做坏事的痕迹。如果在这方面讲信用那就更可怕了，比如说今天晚上两人约好去偷东西，那么他们就一定会去，绝不反悔。这社会可就乱了。

所以古人的心思是很细密的。仁、义、礼、

智、信，这个顺序绝对不允许紊乱。智和信必须以仁、义、礼为前提，才可以是一种优秀的品质。

有智慧的坏人，守所谓的信用的坏人，比一般笨乎乎的坏人、说话不算数的坏人，恐怕更可怕。

由下面这个故事我们可以看一看古人是怎么看重这个"信"字的。这个故事实际上是一个典故：情同朱张。东汉的时候，河南南阳有两个人，一个叫朱晖，一个叫张堪。张堪很早就知道朱晖很讲信义，很讲信用。但是，两个人原来并不认识。后来，他们去了太学，成为同学，逐渐熟悉起来。

虽是老乡，但两人来往并不密切，更不是酒肉朋友。待两人学业有成，要分手各回各家的时候，张堪突然对朱晖讲："我身体不好，今天，我们俩做同学的缘分到了，要分头回家了，我有一事相托。"朱晖摸不着头脑，就看着张堪："你要托我什么呢？"张堪讲："假如有一天，我因病不在了，请你务必照顾我的妻儿。"

当时两个人身体都很健康，朱晖没当回事，也没有做出什么承诺。但分手以后，张堪果然英年早逝，他的妻子和孩子生活非常艰难。这个消息传到了朱晖耳朵里，朱晖便不断地资助张堪的妻子和孩子，年复一年地关心帮助他们。

　　朱晖的儿子很不理解，就问父亲："您过去和张堪没什么交往呀，怎么对他的家人如此关心呢？"朱晖说："是的，我跟张堪的确相交不深，来往甚少。但是，张堪生前曾经将他的妻儿托付给我。他为什么托付给我，而不托付给别人呢？因为他信得过我。我怎么能够辜负这份信任？

　　"我当时没说什么，实际上，我在心里已经承诺了。所以，我要守信，履行我对张堪的诺言。"

　　这已经很不容易了吧？更让人感动的还在后头。朱晖在家乡是一个扶危济困、非常有公益心的人物，南阳太守早就仰慕朱晖的为人。那么，在古代怎么来褒扬，怎么来奖励呢？往往会给他儿子一个官职。

　　可是朱晖却去找南阳太守，说："谢谢您的好意，但我的儿子才具有限得很，才华、本事都不太够，他在家里待着还不错，如果您要让他当官的话，我看恐怕不合适。我向您推荐一个人，他是我的故友张堪的儿子。他学习勤奋，非常守礼仪，是个可造之才。我愿意把他推荐给您，给他一个去当官为民众服务的机会。"

　　后来，张堪的儿子果然没有辜负朱晖对他的信任，非常廉洁奉公，非常勤奋踏实，为民众做了许多好事。这就是中国历史上有名的一个典故"情同朱张"的来历。

　　我想这个故事和很多其他的故事一样，足以说明中国人是多么看重一个"信"字。这里面没有合同，没有文书，甚至没有一句公开说出口的承诺。但是，朱晖这么去做了。我想，这是非常值得我们现代人学习和反思的。

讲完了五常，《三字经》接下来一定是讲"六"，果然，《三字经》接下来的就是："稻粱菽，麦黍稷，此六谷，人所食。马牛羊，鸡犬豕，此六畜，人所饲。"

这里面有两种解释：一种解释说六谷没错，五谷也是对的，为什么呢？稻子不算。这个说法不是没有道理，最早的时候北方还没有种植稻子。所以《三字经》讲六谷，而更早的人讲五谷，这是一种解释。

第二种解释说黍和稷只不过是同一个品种，是什么呢？就是我们讲的黄米。现在大概吃的人不多了，咱们现在都吃大米，但老人也许还知道有一种黄米。黄米分两种，比较黏的叫黍，另一种叫稷。那么，这两种合并起来算一种，就只有五谷。我想，这都是我们应该具备的一些日常知识。

《三字经》既然讲完了"六"，理所当然就得讲"七"，《三字经》接下来的就是："曰喜怒，曰哀惧，爱恶欲，七情具。"

七情：喜，喜悦；怒，愤恨；哀，忧伤；惧，恐惧；爱，爱恋；恶，厌恶；欲，欲望。只要是个人，是一个正常的人，就都会有这七种情感。但是，儒家认为，尽管这七种情感是与生俱来的，也不能由着它们来，要对它们有所节制，用理智去制约。这就是儒家的"发乎情，止乎礼"。

一方面，肯定人的正常情感，需要发散，需要宣泄，需要表达，但必须有个限度——礼仪，要符合礼仪。儒家学说的这部分内容对于现代人特别有参考价值。在现代社会，人特别需要控制的是一种对物质的贪欲。

有的时候看见财物了，看见物质的好处，不要随便伸手，要先问问该不该拿，合不合乎礼仪，合不合乎仁、义、礼、智、信。

范进二十岁的时候就开始应考，连续考了三十多年，一直名落孙山，考不取，非常倒霉。家里本来就不富裕，由于他把全部心思放在科举考试上，没有空去照料生计，所以家里越发破落了。他的妻子是一个屠夫的女儿。终于，到五十一岁那年，他又去应试，这下好，总算考取了一个秀才。考取秀才可真不容易。秀才也有好多待遇，比如秀才的娘子，眼前的就是范进的太太，这个屠夫的女儿从此就可以穿红裙子了，可以穿红绣花鞋了。

范进第二年再去考举人，连他自己都没抱太大的期望。他岳父也讲："我看你考了个秀才就不错了，回来招几个学生教教，谋几个银子。你这癞蛤蟆还想吃天鹅肉，你还想考举人？"考中举人就叫老爷了，举人跟秀才不一样，举人是文曲星下凡啊！

大家要知道，在传统中国社会，很难见到一个进士在家乡待着。为什么？进士都离乡出去当官了。而在古代中国是有严格的回避制度的。河北人不能在

河北当官，必须到其他地方，比如到湖南去当官。所以，在小地方最厉害的老爷就是举人。哪知道，范进好运连连，竟然连举人也考取了。

他接到喜报以后，两手一拍，笑了一声："咦，我中了！"然后往后一摔，就晕了。旁边的人一看，举人老爷晕了，赶紧给他水喝，把他弄醒。醒了以后，范进又跑起来，一面拍手一面大笑："哈哈哈哈！中了中了！好了好了！我中了！"笑着往外飞跑，摔在池塘里又站起来，两手沾满了黄泥，还在那儿拍，说："我中了！我中了！"他举人是中了，可是人也疯了。

这是很凄凉的一个故事，范进长期失败，面对突如其来的成功，他没有办法控制情感，控制自己的狂喜，所以就疯了。这个故事经常被用来批判科举制度的残酷无情。但是，换个角度看一看，难道不也可以说明人的情感应该接受理智的制约吗？制约的标准是什么？"止乎礼。"只要人们符合礼仪，都可以。这个例子说白了很容易理解。大家在家里，爱穿什么穿什么。但是，一旦进入社会，比如说去上学、去上班，什么都穿就不行。一个合乎礼仪的社会才会和谐，才会平稳，才会井然有序。

《三字经》讲完"七"以后当然又要讲"八"：八音。不过，这里的八音绝对不是咱们熟悉的八音盒，八音盒是西洋的玩意儿，不是中国传统的国货。那么，这又是哪八音呢？

"匏土革，木石金，丝与竹，乃八音。"八音实际上是中国传统乐器的统称，按照制作乐器的材质进行分类。

匏是指用葫芦制作的吹奏乐器，比如笙。匏就是葫芦。土，就是用陶土制作的乐器，比如埙，现在依然还有人吹埙。革，是指用皮革制作的乐器，比如鼓。木，是用木头制作的打击乐器，比如有一种叫作敔。敔大家很少听到了。但是，现在华山一带有一种老腔，在演唱的时候，突然会跑出来一个人，扛着乐器——一条板凳，一块木头，就在那儿敲。这就是说，在老腔里面保留着中国古代用木器做打击乐的痕迹。石就是玉制的打击乐器，比如磬。丝就是通过丝弦发声的演奏乐器，如琴、瑟。竹子就不用说了，笛子就是它做的。用今天的眼光来看，这样的分类法并不一定科学。但是，古代中国就是这么分的，这么分也有它的道理。这属于专业的音乐范畴的问题，我们不在这儿讨论。

大家一般认为吹牛皮是说大话，对吧？那么厚的一张牛皮怎么把它吹大呢？为什么不吹一个更有弹性的东西呢？为什么非要去吹牛皮啊？实际上吹牛皮的本意不是这个，而是跟八音相关。牛皮不是吹的，火车不是推的，泰山不是垒的。牛皮是敲的。所以，吹牛皮的意思是不搭调，就是讲那事跟这个没关系，是否夸大倒在其次。当然，现在我们都忘了，所以老说吹牛皮。古人更是认为，音乐可以反映一个人的品位，能够使人相互理解沟通，成为朋友。最好的朋友叫什么？知音。

常言道，朋友好找，知音难求。千百年来，为什么人们总喜欢把自己最好的朋友称为知音？这里面蕴含着什么样的典故呢？

知音的故事有两个主人公，一个叫俞伯牙，一个叫钟子期。俞伯牙是春秋时代楚国的顶级音乐家，从小聪明，酷爱音乐，尤其弹得一手好琴。为了使自己的琴技能够更上一层楼，他经常带着琴到河边没人的地方去演奏，苦练琴艺。

在一个下雨天他坐上了船，沿着江慢慢漂游，一边聆听淅淅沥沥的雨声，一边情不自禁地拿出琴演奏起来。

正演奏的时候，俞伯牙突然发现，自己的一根琴弦动了一下，这很奇怪。他已经是大师级的人物了，雨声这种小小的杂音怎么会使琴弦动呢？他觉得有人在偷听他弹琴。俞伯牙抬头一看，发现岸边树林旁边蹲着一个砍柴的人。这个人当然就是钟子期。

俞伯牙把船靠岸，请钟子期上船，说："您喜欢听我的音乐？"钟子期说："是。""那让我为您演奏一曲。"演奏完一曲之后，俞伯牙问钟子期："您有什么感觉？您听到了什么？"钟子期说："多么巍峨的高山啊！"俞伯牙大惊！他弹的正是《高山》。他并没有事先告诉钟子期这首曲子叫什么。俞伯牙觉得太奇怪了，就说："那我再为您弹一曲，您听听看。"于是又弹了一曲。钟子期的回答是："多么浩荡的流水啊！"这下俞伯牙服了，他弹的曲子正是《流水》。俞伯牙觉得钟子期那么理解自己的音乐，就称他为知音。这也就是成语"高山流水"的由来。

俞伯牙说："我现在要出去游历，待回来以后，我到您府上拜访，到时再为您演奏。"等俞伯牙游历回来去拜访钟子期的时候，钟子期已经去世了。俞伯牙带着琴，在钟子期的坟前演奏了一曲，非常凄凉、哀婉。演奏完以后，伯牙把自己最珍爱的琴在钟子期的坟前摔烂了，从此以后俞伯牙再也没有弹过琴。这就是"伯牙摔琴"的故事。

可见，古人把音乐看得多么神圣，赋予音乐一种多么崇高的价值。当然，像我这样的人，听俞伯牙弹琴，他弹《高山》，我肯定说："哎呀，一个土堆啊！"他弹《流水》，我说："哎呀，一条水沟啊！"那就叫"对牛弹琴"。所以，假若修养不到家的话，在古代听音乐的风险可是很大的。

接下来，《三字经》就讲了个位最大的单数——"九"。

九族的亲戚关系与中国古代的礼制和法制关系密切。一人犯罪的话，最重的刑罚是诛九族。灭九族已经够残酷了吧？可是大家知道，秦始皇还经常灭人家的三族。李斯被腰斩，李斯就是被灭了三族的。这里的"三族"可不比"九族"少！

什么叫三族？就是父系的九族、母系的九族、妻子家的九族。所以是几千口人被杀，这当然是非常残酷的。到了明朝以后，诛九族还不过瘾，才有了十族。十族是什么呢？加上老师门生关系，这也算一族。所以在明朝，招学生的风险很大。如果一个学生被灭门，老师也会被拎出去砍头。当然学生拜老师的风险也很大，如果他拜的一个老师不巧被杀，那么，哪怕他毕业了也会被揪回来杀了。这都是中国古代传统当中很残酷的一面。

那么，讲完九族以后，接下来的问题是，亲属之间应该如何相处？学生从小应该学习哪些亲属相处的礼仪？请大家听下一讲。

第八讲

父子恩，夫妇从

父子恩①，夫妇从②，兄则友③，弟则恭④，
长幼序，友与朋⑤，君则敬⑥，臣则忠⑦，
此十义⑧，人所同。凡训蒙⑨，须讲究。
详训诂⑩，明句读⑪。为学⑫者，必有初⑬，
小学⑭终，至四书⑮。

---

① 恩：恩情。

② 从：和顺。

③ 友：友爱。

④ 恭：恭敬。

⑤ 友与朋：古人将有同样德
行的人称为朋，同样类别的人
称为友，后来则总称为朋友。

⑥ 敬：庄重。

⑦ 忠：忠诚。

⑧ 义：此指行为准则。

⑨ 训蒙：进行启蒙教育。

⑩ 训诂：解释词义。

⑪ 句读：标点断句。

⑫ 为学：进行学习。

⑬ 初：开端。

⑭ 小学：指初等教育。

⑮ 四书：《论语》《孟子》
《大学》《中庸》四部
著作的总称。

父子恩，夫妇从

儒家文化认为，要先做一个有道德的人，然后才能做一个有知识的人。所以《三字经》先教孩子们应该怎样为人处世，然后再教孩子们应该怎么读书。那么，古人读书和我们现代人读书有什么不同？古代的小学都有什么课程？什么叫训诂？什么是句读？为什么训诂和句读对于学习古文特别重要呢？

上一讲我们讲到《三字经》的按序排列，排到了个位的最大单数——九。接下来《三字经》讲了一个比九还大的数，但这是个两位数——十，所谓的十义，是指十种恰当、正当的交往处理方式。哪十种呢？"父子恩，夫妇从。兄则友，弟则恭。长幼序，友与朋，君则敬，臣则忠，此十义，人所同。"

翻译成白话是什么意思呢？父子之间要注重慈爱与孝顺，这当然是指父要对子慈爱，子要对父孝顺。夫妻之间和睦相处。兄长必须爱弟弟，弟弟应该恭敬或者尊敬兄长。交往的时候，一定要注意长、幼、尊、卑的次序。朋友相处应该相互讲究信义。君主要尊重臣子，臣子应该忠于君主。

这十种恰当的行为准则，人都应该争取做到。概括来讲，十义就是"父慈子孝，夫唱妇随，兄友弟恭，朋谊友信，君敬臣忠"。

我首先给大家讲一个关于兄友弟恭的故事。这个故事过去的名字叫"赵孝争死"。这是一个很悲烈的故事，说的是一个叫赵孝的人争着去死。

汉朝的时候，有一对兄弟，哥哥叫赵孝，弟弟叫赵礼。当时，社会动荡不安。有一天，兄弟两个正在家里玩耍，强盗破门而入，在家里乱翻。然而，赵家一贫如洗，没有一点粮食。兄弟俩岁数都不大，一看强盗冲进来，吓得就直往门外跑。弟弟赵礼跑得比较慢，强盗一把就把他抓住了，打算把他给吃了。

　　哥哥赵孝本来已经跑得很远了，发现弟弟没跟上来。回头一看，弟弟被强盗抓了。哥哥就跑回来，跪在这些凶恶的强盗面前，哀求道："我弟弟有病，身体瘦弱，身上也没多少肉，而且他的肉也不好吃，请你们把他放了。我身体好，也比较胖，你们就吃我吧！"这是哥哥赵孝在争着替弟弟去死。

　　强盗愣住了，面面相觑，他们哪里见过有这样为了救兄弟争着被吃掉的呢？赵礼也在旁边说："是我先被你们抓住的，如果被你们吃了，那是我命中注定。我哥哥已经跑了，他有什么罪过？你们为什么要吃我哥哥呢？"兄弟两个抱头痛哭。

　　强盗虽然很凶恶，但还是被兄弟俩的友爱之情打动了。最终，撇下兄弟两个跑了，没有吃他们。这件事情后来被皇帝知道了，便下令褒奖他们。因为这是兄友弟恭的最好例子了，所以皇帝将这兄弟两个人的事迹昭示天下。这就是有名的"赵孝争死"。

　　至于友朋之道，古人很重视，我们前面讲过。古人所指的友和朋是有区别的。古人称有同样德行的人为朋，称同样类别的人为友。就是说，我们都是读书人，或者我们都是做官的，这叫友。友不一定德行都一样。友不一定是朋，朋不一定是友。当然我们今天已经把它们混称为朋友了，都一样了。

我们特别需要注意的是君臣之间的关系。

我们千万不要把董仲舒的思想等同于孔子的思想，不要混淆不同的"三纲"。《三字经》的"三纲"跟董仲舒的"三纲"不是一回事，《三字经》讲"君臣义"，就是君臣之间要有恰当的方式。有人认为儒家很封建、很专制。儒家真的都认同专制吗？儒家真的百分之百都很封建专制吗？请大家听这一段孟子的话。

"君之视臣如手足，则臣视君如腹心；君之视臣如犬马，则臣视君如国人；君之视臣为土芥，则臣视君如寇仇。"（《孟子·离娄下》）

什么意思啊？如果君王把臣子看作是手足，连为一体的话，那么臣子就把君王看成自己的心腹。如果君主把臣子看作是狗，看作是马，那么臣子会把国君看作是国人。什么叫国人？马路上随便走的人，叫路人。假如君主把臣子看作是土芥——像泥土一般轻贱的东西，那么臣子就把君王看作是自己的仇人。

这样的学说明明白白出现在《孟子》里，我们能说儒家学说都是赞成专制的吗？所以，《三字经》阐发的是"君则敬，臣则忠"。君主要尊敬臣子，

臣子要忠于君主。所以，我们要注意《三字经》所
阐发的中国传统文化的精神，一般来讲都是比较平
和稳妥的。

　　《三字经》告诉大家，书不是可以随便读的。
读书需要技巧和基本训练，读书是需要基础的。需
要哪些基本技能呢？"凡训蒙，须讲究。详训诂，
明句读。"这四句话十二个字的含义实在是太丰富
了。训蒙就是启蒙教育，只要是启蒙教育，就必须
要讲究。讲究什么呢？训诂。什么叫训诂？这个话
题太复杂。

　　现在训诂学是中文系的一个大专业。中国总共
有上百位的训诂学教授。训诂，简而言之，就是用
当前的话语来解释古代词的意义。而句读则是标点
断句。我们知道古书都是连着排下来的，没有句读。
古人要读的时候，也必须先把句子点断。训诂和句
读都是大学问。

　　先讲训诂。《论语》里面有这么一件事情，孔
子和一个叫阳货的人交往。阳货按照礼节来拜见孔
子，可是，孔子不喜欢阳货，不大想见他。然而，
孔子自己是很讲究礼的啊，古人讲究的是，如果有
人来拜他，他必须回拜，不然就是失礼。孔子就琢磨，
怎么能够不见他，但又不失礼呢？

《论语》里就讲，孔子想了一个办法，叫"时其亡也而往拜之"。什么意思呢？这里面就有两个训诂方面的问题：第一，亡也，等到他死了才去拜他吗？那不是。这里是亡羊补牢之亡。亡羊补牢不是说等羊死了才围圈，而是说等羊跑了再围圈。所以，亡是指逃、走、离开。也就是说，等到阳货离开孔子才去回拜他。把名片一递，证明孔子来过了，没见着，不是孔子的事，孔子没有不遵守礼节。

第二，"时"怎么讲，什么叫"时其亡也而往拜之"？大家一定要知道，繁体字"時"右边是"寺庙"的"寺"，跟"等待"的待一样。所以，这两个字的古音都读作dài。实际上，这个时字就是等待的待。所以，是待他离开了孔子才去回拜他。这样的话，孔子到底想做什么我们就明白了。不然，孔子是什么意思我们都无从所知。这是一个训诂的例子。

古书没有今天的标点，需要我们加句读。但是，加句读可是一门大技术。大家千万别小看标点，弄不好就破句。点错了，就把一个句子给弄破了。而且，不同的句读，有时候会把同一句古文弄成完全相反的意思。

我在《论语》里找例子。那是很有名的话："民可使由之不可使知之。"这句话要点断，怎么点？如果你把它点成"民可使由之，不可使知之"。那就是说，老百姓啊，只可以叫他们干活，去差遣他们，去驱使他们，可不能让他们知道这么做的道理。这就是一种句读法。

还有一种句读法："民可使，由之；不可使，知之。"意思变成什么？老百姓愿意被驱使的，愿意去干活的，让他们去吧，不要打扰他们了；老百姓不愿意干活的，不愿意听差遣的，让他们明白道理，向他们解释。这是很合理的。这就是句读的问题了。

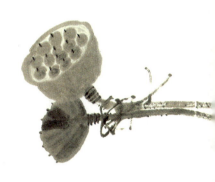

再举一个例子："饮食男女人之大欲存焉。"这也是《论语》里的。一般的解释也是正确的句读法："饮食男女，人之大欲存焉。"人活在世上，要喝水，要吃饭，总归希望找到意中人组织家庭，延续祖宗的血脉，养育子女，要有夫妻生活。这是人最基本的要求。这话放之四海而皆准。

可是，有人却胡乱解释，说《论语》表明孔子是女权主义者，他说过一句话："饮食男女人之大欲存焉。"这句话怎么有女权的意思？有人说："饮食男，女人之大欲存焉。"作为一个女人，要喝水，要吃饭，还要一个男人，有个丈夫，女人之大欲都在这儿了。这当然是不对的，因为古代不会有"女人"这样的古汉语。这就是乱点，实在太玄乎了。

有关句读，有太多有趣的故事，我选两个给大家讲讲。有一个穷秀才，某天晚上到一个非常富有的朋友家里做客。他是想去混吃喝的，富人看见穷秀才就烦，不愿意理他。到了晚上，秀才的晚饭还没着落，饿着肚子，打算再赖一会儿。

主人懒得理他，扭头走了，顺手在桌子上留了一张字条，写着："下雨天留客天天留人不留。"他往桌上一扔，认为穷秀才应该读懂了。他的意思是："下雨天，留客天？天留，人不留。"意思是就算老天要留你，我也不留你。这个富人是这么点的，所以先走，免得弄得很尴尬。

谁知，等富人逛一圈回来，一看，秀才还在那儿等晚饭呢！他哭笑不得，说：

"你是读书人，不认字啊？"秀才说："我怎么不认字？""我给你留的条子你看见了吗？""看见了啊！""那你怎么不走？""我干吗要走？不是你让我别走的吗？"那是怎么回事呢？原来秀才是这么点的："下雨天，留客天！天留人不？留！"秀才说："我怎么好意思走？你那么客气。"这又是句读的问题。

再举个句读的例子，是慈禧太后和一个书法家的故事。一次，有人进贡给慈禧太后一把非常精美的扇子。按照规矩，古人没有拿白扇子晃的，这样很不礼貌。扇子两面应该一面是画，一面是字，很儒雅。慈禧太后也很讲究，就找了一个著名的书法家，给她那精美的扇子题诗。

书法家题了一首著名诗人王之涣的诗："黄河远上白云间，一片孤城万仞山。羌笛何须怨杨柳，春风不度玉门关。"写好，盖上章，给太后呈上去。慈禧打开一看，缺了个字。这个著名书法家把"黄河远上白云间"的"间"给漏掉了。七个字一句的绝句，变成有一句是六个字的了。

慈禧一看，大怒："你是臣子，给我写扇子那么不认真，你这是欺君之罪！"慈禧文化程度不高，所以，她特别怕人家觉得她没学问，就下令："来人，拖出去砍了！"

书法家一看脑袋要掉了，急中生智，说："太后，且慢，我没有写王之涣的诗啊！"慈禧说："你这不是王之涣的诗啊？""不是，不是。我想搞一个创作，更好地向老佛爷汇报，向您请教。这不是王之涣的诗，是我自己根据王之涣的诗，把它改了一改，创作成一首词，请太后您指教。太后您英明，果然看出来了。"

　　慈禧当时就糊涂了："这什么词啊？你念来听听。"这人就念了："黄河远上，白云一片，孤城万仞山。羌笛何须怨，杨柳春风不度玉门关。"多好！一点毛病没有。慈禧被他弄得哭笑不得，怎么杀他啊？书法家得意扬扬地回去了。

　　这些都是句读的问题，它们可以告诉我们，句读对于阅读古书多么重要。所以《三字经》强调"明句读"，这可开不得玩笑。

　　会训诂了，也懂得句读了，那么应该读哪些书呢？《三字经》告诉我们："为学者，必有初，小学终，至四书。"学习总归有一个开始的地方，小学读完了，就可以去读四书了。

　　首先要跟大家说明，尽管我们今天的小学就是从古代的小学这个概念来的，但古代的小学和今天的小学不是一回事。古代的贵族子弟六岁开始上学，这就叫上小学。先学什么呢？生活规范。哪些生活规范呢？洒扫、应对、进退。

　　先要干点家务活，扫扫地，洒洒水，做一些清洁工作。应对，对来客要应对。这个很难的，起码称呼就很令人讨厌。比如我们今天见到同辈的孩子，很多人说："大侄子，你怎么样？"这在古代就很没礼貌。过去要叫"世兄"。先把自己降一辈，还要把对方再抬高一点点，叫"世兄"。如果称人家"大侄子"，人家马上觉得这个人没有一点教养。

　　比如称对方的女儿，称什么？"令爱"，或者"女公子"，没有说"你闺女怎么样了？"这都是大白话。称别人的父母是令尊、令堂。倘若要一起问："令堂可安？"就是问对

方的父母大人好不好。再称上一辈的女性就应说"老夫人""老太太"。过去，老太太是尊称，没有多少人有资格称老太太。这些称呼很复杂。称自己的父母"家父""家母"。这都有一套规矩的，是中华民族很好的传统，不是繁文缛节，对一个人的教养是大有好处的。

一般跟老人家说完话要站起来，走时应该先倒退着或者侧着身走。这就是古代小学先要学的规矩。这不仅是对生活技能和礼貌的培养，更重要的是对人格的培养。

八岁，开始认字，开始学写字。写字容易吗？应该用一种什么样的态度去写字啊？今天还有多少人这么讲究啊？我教书时经常碰到学生写错别字，缺一点，少一撇。现在的学生常用电脑打字，很少手写了，所以都快忘了字怎么写。写字是有规矩可循的。我要给大家讲一个四书编纂者宋朝大儒朱熹的故事。

朱熹，字元晦，号晦庵，祖籍徽州婺源。朱熹怎么写字的？在一个桃花盛开的季节，朱熹尚年幼，他的老父亲就要求他抄写唐诗："桃花潭水深千尺，不及汪伦送我情。"

朱熹那时候还小，当然也很调皮："桃花正盛开，我还写桃，倒不如出去看桃花呢！"一急，把"桃"写成了"挑"，就变成"挑花潭水深千尺，不及汪伦送我情。"父亲回来，一检查，什么也没多说，只是很严肃地说了一句话。这句话我正好送给正在读书或写字的朋友们，一定要记住。

"心正则字正，心不正则字不正。"

这句话的意思是说一个人的心端正了，那么他的字自然就正了。如果心不正，字就是歪的，或者就是错的。朱熹非常羞愧，赶紧自己把"桃"字抄了一千遍，交给父亲，请父亲原谅。这是非常有名的"朱熹写桃字"的故事。可见，古人对写字多么看重。古人强调，一个人的字写得如何，是和这个人的修养品德密切相关的。

古人认为，汉字是神圣的，而写字不仅是为了认识字，更是一种对人的品格和性情的熏陶和磨炼，古人在小学阶段，除了学习写字，还要学习六艺：礼、乐、射、御、书、数，要学习这六种技能。

按照中国传统教育来讲，十五岁升入大学。那时候没有中学，小学直接进入大学。这才开始有老师讲解四书。四书就是《论语》《孟子》《大学》《中庸》。四书不仅影响了中国人的思想，甚至可以说，它们塑造了中国古人的精神。那么，四书中的每一部书的情况究竟如何？我们应该怎么去读？请大家听下一讲。

第九讲

论语者，二十篇

论语^①者，二十篇，群弟子，记善言^②。

① 论语：记载孔子及其弟子言行的著作。
② 善言：有教育意义的言论。

　　作为传统启蒙读物的《三字经》，向孩子们推荐和介绍儒家经典著作是它的一项基本任务。《论语》记载了孔子和他的弟子们的一些言语、行为，被奉为儒家经典，名列四书之首。人们在强调《论语》的价值和意义时，总会提到这样一句话，叫作"半部论语治天下"。那么，《论语》是怎样的一部书？是什么人最终编订并完成了《论语》？"半部论语治天下"这句话究竟是怎么来的呢？

上一讲我们讲到，根据《三字经》的意思，当孩子们认识一定数量的字，基本掌握了训诂、句读这样一些读书的基本技能，学习了礼、乐、射、御、书、数六艺之后，就要开始进一步的学习了。

进一步学习的话，当然离不开读书。那么，读什么书呢？《三字经》告诉我们，应该读四书。顾名思义，四书就是中国传统文化当中四部最重要的文化典籍：《论语》《孟子》《大学》《中庸》。在这里，我必须请大家注意，《论语》《孟子》《大学》《中庸》是《三字经》的排列顺序。《三字经》的排列顺序，总是有其独特考虑的，这一点我们在后面讲。

首先，按照《三字经》的顺序，它当然首先要讲《论语》。《三字经》用了十二个字："论语者，二十篇，群弟子，记善言。"很清楚，《论语》这部书一共有二十篇，孔门有好多弟子，记录下那些非常有教益的语言。字面意思似乎是清楚的，但是，要仔细琢磨起来，就不那么简单了。

第一点，"论语"的"论"是一个动词，不是今天我们讲的某某理论的意思。"论"是编纂、排比的意思。"语"是语言、话语、讲话的意思。"论语"的意思就是把孔子讲的话、孔子和他弟子讲的话，以及弟子们辗转听说的孔子讲的话编纂到一起。

第二点，《论语》作为一个书名，是在这部书编成的时候就已经有了的。

而这部书编成是在孔子去世以后不久。

　　总之，我们可以归纳，《论语》是记录孔子及其弟子言行的著作。而《论语》这个书名，是在这些言语被编纂完成的同时就已经有的，不是后人附加的。

　　《论语》只有一万两千七百来字，放到今天就是薄薄的这么十几页，但是，为什么会出现那么多重复的部分呢？那就要谈到《三字经》介绍《论语》的后面六个字，叫"群弟子，记善言"。

　　编纂的过程，就是由孔子的弟子们，或者再传弟子们聚在一起，把善言记录下来。当时的情况应该是这样的：比如这几个弟子，每个弟子手上拿着竹简，你这个简上记录了孔子的一句话，他的简上也记录了孔子的一句话。首先咱们把不重复的都留下来。重复的话呢，咱们对一对，或者讲同一个主题，但言语并不完全一样；讲同一件事，可以有不同的讲法，大家也都把它保留下来，没有把它剔除掉，所以就出现重复的部分了。

　　这种编纂方法，其实跟佛经的编纂方法有相似之处。过去编订佛经的时候也是这样。只不过古代印度还没有像我们这样的书写习惯，口口相传的成分更大。比如，我听到释迦牟尼说了这么一句话，他也听到这么一句话，我们四五个、七八个人都听到这么一句话，但这话怎么听起来不大一样啊？那我们就来对一对，大家达成一致，把这句话固定下来，写下来，就成为经文。《论语》的编纂方法和这个方法是有点相似的。

　　孔门弟子据说大概有三千人，实际上未必有那么多。好多研究孔子的著名学者都认为，孔子的弟子大概也就是七十二人，而且孔门弟子年龄差别极大。不像我们今天，老师招一班学生，年龄都差不多，不然你不会在同一年进学。

　　孔门弟子是分批进入孔门的。年龄最大的弟子子路，是孔门的大弟子，只比孔子小九岁。子路的结局大家都知道，是在跟人战斗的时候，发现自己的帽带松了；按照孔子的教训，儒家的君子帽子怎么能歪了呢？他就把手上的戟，就是带钩的长矛往旁边一放，把帽子系好再打。等他把帽子系好，自己已经变成一堆肉酱了。子路就是这么一个人。年龄最小的弟子则是子张，比孔子要小四十多岁。

　　这些孔门弟子，基本上可以分为两批，这跟孔子一生的命运有关。孔子早年满怀政治热情，他要用自己的学说辅佐君王，说服国君实行仁政。所以，他早年奔波于列国，希望能够得到国君的赏识，可以有一个舞台来施展自己的才

华，将自己的力量化作社会政治的现实，使百姓能够过上比较好的生活。所以，孔子的前一批弟子基本上都是从政的。孔子几乎没有当过什么大官，但有的弟子的官还不小。不过，我们知道，孔子终其一生，在实现政治抱负的旅途中，是郁郁不得志的。

第二批弟子，也就是他中晚年收的这批弟子，几乎都是从事我们今天讲的文化事业。如今每个大学都有中国文学系。"文学"这两个字，在《论语》也有。叫"文学：子游、子夏"，就是有文采的，有才华的意思。这两个属于孔子的第二批弟子。第二批弟子基本只是文化领域里的了。

我们今天能不能够比较确切地告诉大家，到底是哪些弟子最后完成了编订《论语》的伟大事业？孔门有那么多弟子，到底是哪个弟子，或者是哪些弟子编订了《论语》，给我们这个民族留下了一份文化瑰宝？绝大多数学者认为，是曾子和曾子的门徒最后编订了《论语》。这个曾子，就是"曾子避席"的那位曾子。但是，孔门的这位弟子流传下来的故事，不仅仅是避席。

另外一个关于曾子的故事，听起来有点吓人，叫"曾子杀猪"。

有一天，曾子的夫人要到集市上去买点东西。曾子的儿子当然愿意跟着妈妈。一看妈妈要出去，就吵着带他出去玩儿，缠着妈妈不让走，又哭又闹。曾子的夫人就告诉他："你只要不闹着跟妈妈去，妈妈回来给你杀猪，让你吃肉，做一顿好吃的。"我们知道在古代，吃肉是一件大事。在农村，一年也吃不上几顿肉。孩子当然很高兴，他也知道肉好吃。于是，就没有缠着曾子的夫人一起去。

等曾子的夫人在集市上买完东西、办完货，回到家里的时候大概是傍晚了，

突然看见自己的丈夫曾子在那儿磨刀。这一下把曾子的夫人惊到了："你这是干吗？"曾子说："杀猪啊！你不是答应孩子说，你回来给他杀猪做肉吃吗？"曾子的夫人说："我这是随便哄孩子的话啊！"

曾子讲："不能这样教育孩子，因为孩子最早接触的是父母，如果父母随便跟他讲话，说了话又做不到，你怎么能让孩子去相信别人的话？今后他自己怎么会守信呢？一头猪是小事，给孩子留下了很不好的印象，影响了孩子一辈子为人处世的方式，我们就追悔莫及了。"

曾子的夫人当然很懂道理、很明事理，就和曾子一起把猪杀了，给儿子做了一顿肉吃。这就是"曾子杀猪"的故事。这个故事过去在民间流传更广。由此可见，曾子确实是一个"言必行、行必果"的方正君子。

《论语》这部书，塑造了我们中华民族的精神世界，对我们这个民族产生了深远的影响。在某种意义上，甚至可以说对我们有决定性的意义。

那么，我们能不能举出一个例子，来说明《论语》在我们中国文化，或者在传统中国人心目当中到底有多高的地位？到底有多大的影响呢？这个任务不简单，这个要求也不简单。我想用一句大家都听惯了的话来开始——"半部《论语》治天下"，这句话在民间流传了很久，经常被人用来证明《论语》对于治理国家的重要意义。

"半部《论语》治天下"这个故事，与赵普这个人关系密切。赵普是五代后期的一位私塾先生，社会地位不怎么高。公元956年，为了争夺淮南江北地区，当时还是后周大将的赵匡胤和南唐的守军在滁州打了一仗。这位私塾先生赵普正好在滁州教书，于是结识了赵匡胤，给赵匡胤出谋划策。这一仗赵匡胤大获全胜，由此奠定了帝业。

如果赵匡胤没有功劳，没有实力，在他身上，别说披一件黄袍了，你给他披一个黄被子，他也当不上皇帝啊！他之所以披上黄袍就能当皇帝，那是因为他有当皇帝的实力。而这个实力的奠定离不开赵普的出谋划策。赵普此后一直追随赵匡胤。

北宋建立以后，赵匡胤就把赵普作为自己比较贴身的谋士、一个文臣带在身边。赵普也就有机会参与好多高层的决策，还辅佐宋太祖赵匡胤统一了南方。公元964年，这位私塾先生达到了他人生中的巅峰，出任宋朝的宰相。他还被封为魏国公，死后被封为韩王。

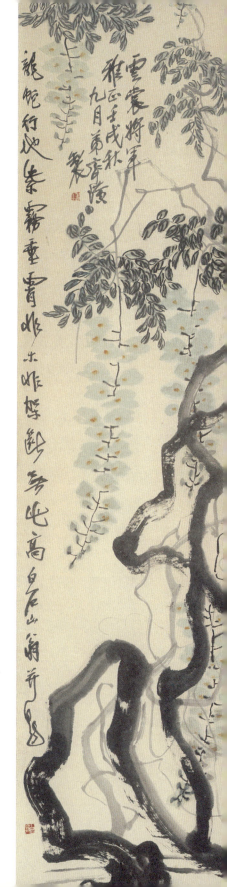

宋朝站稳脚跟以后，就像中国历史上所有的王朝一样，很快就开始偃武兴文，武将就要往旁边放一放了。马上得天下，不能马上治天下，得靠文人来治理啊！所以就在朝廷里提拔一批很有学问的士大夫。赵普明显跟不上形势的需要——他作为私塾老师，文化底子不能满足新兴宋朝的需要。

宋太祖乾德初年，发生了一件让赵普非常尴尬的事情。乾德建元，当时要有个新的年号，宋太祖就想了一个年号，觉得它很吉利。当然，这个年号必须是以前没有的。赵普在旁边起哄："好啊好啊！皇上英明，您的学问真好，您想的年号，以前绝对没有，独一份。"

有个不识相的读书人叫卢多逊，这个人看样子未必很谦逊，竟在旁边插嘴："王衍在蜀，曾有此号。"有一个很短命的小皇朝曾经用过这个年号。这一下，太祖大惊，给吓着了。

赵匡胤干了一件什么事呢？估计宋太祖自己想了个年号，正好手上拿着毛笔在写这两个字，正得意扬扬，一听这个年号过去有啊，顺手抄起毛笔给赵普画了个花脸。史书上讲，"以笔涂韩王面"，拿起毛笔往他脸上涂，还顺口说

了一句"尔怎得及他"。就是说："亏你还是宰相，你怎么还及不上这个卢多逊？"赵普被涂一脸的黑以后，正史记载："韩王惊羞不敢洗。"他被皇帝用御笔涂黑了不敢洗，这对他当然是沉重的打击。

更重的打击是，宋太祖还说了一句话："作相须读书人。"就是说做宰相的必须是读书人。言下之意你赵普不是读书人，恐怕不配当宰相。大家想想，这对赵普是多大的打击？

果然，在以后的岁月里，赵普被罢相，被派到外面去当了一个节度使。

太平兴国六年，也就是公元 981 年，由于非常复杂的人事原因，赵普再次出任宰相。赵普从外地回到京城，发现物是人非，整个朝野里都是读书人了。所以，虽然把他召了回来，但无论是皇帝还是大臣，仍觉得他学问不够。

史籍《鹤林玉露》卷一记载："赵普再相，人言普山东人，所读者止《论语》……太宗尝以此语问普，普略不隐，对曰：'臣平生所知，诚不出此。昔以其半辅太祖定天下，今欲以其半辅陛下致太平。'"话的出处正在这里。

赵普回朝以后，很多人在旁边说风凉话，说赵普这个山东人，所读的书就一部《论语》，除了《论语》没读过什么书。皇帝就直接问赵普："有没有这事儿啊？你是不是就只读过《论语》啊？"哪知道赵普想明白了这个事情："是，我就是只读过一部《论语》，我平生所知道的东西的确不出《论语》。过去，我以半部《论语》辅佐太祖平定天下。今天，我回来了，我还打算用另外半部《论语》来帮助陛下您治理天下。"这就是"半部《论语》治天下"的原型和来历。

他说过这样一句话，这话流传了一千多年，我们都用这句话来说明《论语》的重要性，我们凭半部《论语》就可以平定天下。到底是不是这样？我们再说。但是，用在赵普头上，则是把这个意思给完全弄拧了。为什么说弄拧了呢？赵普的回答已经告诉我们，他心里怨，一肚子气：你们瞧不起我，认为我没学问，才读过一部《论语》。所以，他说的是一句牢骚话。

实际上，在当时的整个文化氛围中，朝廷所有大臣恰恰认为，仅凭读一部《论语》是不能算有学问的，仅凭一部《论语》是不能平天下、治天下的，何况半部呢？所以赵普说的是一句反话。这句话要告诉我们的，或者促使我们领悟的毋宁说是这么一个道理：《论语》虽然重要，但它绝对不是万能的。

我们今天当然还是应该去读《论语》。道理很简单，《论语》是中国传统中儒家思想最重要的、首屈一指的代表性作品。《论语》蕴含着巨大的智慧，蕴含着丰富的遗产，这是毫无疑问的。但是，赵普的这个故事提醒我们，如果认为靠《论语》就可以应对一切问题，就可以解决一切问题，那么，这就是我们过于机械地理解了《论语》的价值和作用。

"论语者，二十篇，群弟子，记善言。"

《三字经》用了短短十二个字，概括了儒家经典——《论语》，让儿童有了一个基本的认识，也为大家进一步学习《论语》打下了基础，进一步了解了《论语》这部书的来龙去脉，了解了《论语》在历史上的地位，认识到了它的永恒价值。

在今天看来，《论语》教给生活在现代的我们的是一种人生的境界，一种人生的智慧，一种人生的态度。正是在这个意义上，我们可以非常有把握地讲，《论语》有穿越时空的永恒价值。而不是说，《论语》是一部万宝全书，我们只要读了《论语》就可以解决我们面临的一切问题。从来都没有这个说法，古人也没有留给我们这样的经验。

《论语》是四书中的第一部，但我们用整整一讲，来讲述《论语》这一书，我相信，这是和《论语》在中国思想史、中国文化史上的地位是完全相称的。

那么，四书中还有其他三部书——《孟子》《大学》《中庸》，关于这三部书又是怎么说的呢？请大家听下一讲。

第十讲　孟子者，七篇止

孟子①者，七篇止，讲道德，说仁义。

作中庸②，子思③笔，中④不偏，庸⑤不易。

作大学⑥，乃曾子⑦，自修⑧齐⑨，至平⑩治⑪。

① 孟子：记录孟子及其弟子言论行为的著作。

② 中庸：原是《礼记》中的一篇，后来抽出与《论语》等著作合编为四书。

③ 子思：孔子的孙子孔伋。

④ 中：处事不偏不倚的意思。

⑤ 庸：经常、永不变化的意思。

⑥ 大学：原是儒家经典《礼记》中的一篇，后来抽出与《论语》等著作编为四书。

⑦ 曾子：名参，孔子的弟子，以孝行著称。

⑧ 修：指修身。

⑨ 齐：指齐家，整顿家族的意思。

⑩ 平：指安定天下的意思。

⑪ 治：指治理国家的意思。

　　四书是指《论语》《孟子》《中庸》《大学》。在古代社会，它们是读书人参加科举考试的必读书目，包含了中国传统文化的精华，承载着中华民族的核心价值观。在讲述完《论语》之后，这一讲将讲述《孟子》《中庸》《大学》。那么亚圣孟子究竟是一个什么样的人？现代社会还应该提倡中庸之道吗？宋代大儒朱熹又为什么会把《大学》列为四书之首呢？

我们在上一讲用了整整一讲的篇幅，讲了《三字经》关于《论语》的十二个字。那么，关于四书，按照《三字经》排列顺序的第二部，也就是《孟子》，《三字经》又是怎么说的？

"孟子者，七篇止，讲道德，说仁义。"

《孟子》一共七篇。它的核心内容有两个：道德，仁义。这是《孟子》的核心词语，用今天比较流行的话来讲，就是关键词。我们恐怕还是应该先弄清楚孟子这个历史人物。

孟子，名轲，战国时邹国人。他是孔子第四代弟子。孟子像孔子一样，曾经想投身于政治活动，也曾周游列国，遍访国君。但是，跟孔子一样，他的学说不怎么符合当时国君的需要，因此不被重视。

有一次，孟子的家乡邹国和孔子的家乡鲁国之间发生了战争，两边打起来了。邹国的官吏死了三十三个人，而邹国的老百姓却袖手旁观。

按说，两国相争，官员都扑上去了，你老百姓还不跟着官员上吗？那么，邹国的国君怎么看待这个问题呢？他严厉指责老百姓：怎么官员死了那么多，老百姓一个都没死？还问孟子怎么看待这件事情。孟子对邹穆公讲："活该！谁叫你和你的臣子平时那么残忍地对待百姓？你们的老百姓以牙还牙，以眼还眼，今天总算是找到报复你们的机会了。"

孟子甚至还主张，对于坏的君主、不仁义的君主，是可以废掉的，是可以让好的君主替代的。这些思想的光芒，穿越两千多年的时空，依然能够让我们激动。

孟子有一句话，经常被我们引用："民为贵，社稷次之，君为轻。"人民是最宝贵的，社稷为第二位，国君是最不重要的。在人民、社稷、国君中，国君排老三，垫底。大家看看，这是什么样的思想？这在先秦诸子里边可以说是绝无仅有的。

在很多情况下，统治者没有办法接受《孟子》，更不必说讨得统治者的欢心了。举一个例子，明朝皇帝朱元璋因为读到《孟子》"民为贵，社稷次之，君为轻"的话，登时勃然大怒。

虽然《孟子》在那时已经是科举考试的必读书了，皇帝看到这些话，还是断然采取了两个措施：第一，下令将孟子牌位撤出孔庙。原来孟子是在孔子那儿陪祭的，是配享孔庙的。这边供奉着孔子，旁边有孟子牌位，他们都可以享受后人的献祭，享受后人的敬礼。朱元璋觉得孟子不行，

就剥夺他的这个资格，下令把孟子牌位从孔子旁边给搬走，当然就等于剥夺了孟子的地位。

第二，朱元璋下令把《孟子》里面类似的话全给删了，编成一个比较"干净"的《孟子》节本，当然这是他所谓的干净。所以，明朝的读书人固然要读《孟子》，但是，他们读的《孟子》和我们今天读的《孟子》不大一样。我刚才引用的这些话，在明朝《孟子》版本里是没有的，因为统治者不爱看。

但是，《孟子》毕竟有它的力量，所以统治者对《孟子》的心态很矛盾。还是拿朱元璋说。朱元璋开始的时候那么强横，到了晚年又读《孟子》。他读的是不是原来的版本我们就不知道了。他读到这么一段："天将降大任于斯人也，必先苦其心志，劳其筋骨，饿其体肤。"大为赞叹。这段话的意思是，如果上天要把重大的使命交给某一个人的话，那么，首先要使他的心志能够忍受苦难，使他的筋骨能够经受劳累疲倦，还要饿他，使他能够受各种挫折，做好承担大任的准备。

当朱元璋读到这里的时候，不禁拍案叫绝，非常感动，觉得孟子说得好。他就下令把孟子的牌位搬回去，再放到孔子牌位的旁边，享受后人的献祭。这完全可以彰显《孟子》这部书和孟子这个人的坎坷命运。

和《论语》的简约、含蓄相比，《孟子》有非常多的长篇大论，气势磅礴，逻辑严明，尖锐机智，而又从容舒缓。所以，《孟子》代表着中国传统散文写作的一个高峰。

我们今天来读《孟子》，可以看到好多精彩的地方。我在这里选取孟子和两位君王的谈话。

有一天，孟子去劝说齐宣王施行仁政。齐宣王心里是不大愿意干这个的，他觉得孟子迂腐，当时的人也都这么认为。但是，齐宣王不愿意背负这个恶名，于是，他就耍无赖。

他对孟子说："寡人有疾，寡人好货。"我还有个毛病啊，我比较好财，实行不了仁政。孟子说："好财有什么不好，谁不喜欢财物呢？周公的先祖公刘也喜欢财物。可是，他老人家和百姓一起富国强兵。大王您如果能和百姓分享财物，这不就是实行仁政了吗？"齐宣王一想，好像光说自己爱财，还挡不住孟子。

又跟孟子说："寡人有疾，寡人好色。"就是说要我实行仁政，但我有毛病。我好色，所以我实行不了仁政。孟子回答说："跟好色有什么关系啊？谁不爱自己的女人呢？假如大王能够把好色之心推广开来，能够使天下无怨女，外无旷夫，就好比周文王的先祖，不也能施行仁政吗？您爱您的女人，就应该让世上别的女人也有一个归宿，这不就是仁政了吗？"这就是齐宣王和孟子的一段对话，极其精彩。

另有一次，孟子听说齐宣王喜欢音乐，就说："如果大王能够喜欢音乐，那么齐国就会很不错，很有指望了。"孟子的思路非常独特。哪知道齐宣王的回答也很有意思，他说："寡人非能好先王之乐也，直好世俗之乐耳。"就是说，我不喜欢先王高雅的庙堂音乐，我喜欢的是流行音乐，如此而已。那意思当然还是要把孟子挡回去。

孟子说："大王您只要真正喜爱音乐，流行音乐和先王之乐是一样的，齐国都能被治理得好。"齐宣王这下摸不到头脑了，我都说我喜好世俗音乐，那么不高雅了，你还说齐国有希望？孟子说的是什么呢？"独乐乐，与人乐乐，孰乐？"就是独自欣赏音乐与同别的人一起欣赏音乐，哪一种更快乐？

齐宣王不傻，他知道自己要得民心，就不能说我一个人乐，我一个人高兴就行。他的回答是："不若与人。"那当然不如和别人一起欣赏快乐啦！于是孟子又问："与少乐乐，与众乐乐，孰乐？"与少数人一起欣赏音乐，与同多数人一起欣赏音乐，哪一种更快乐啊？国王一看，已经被孟子套进去了，只能回答"不若与众"，那肯定是跟多数人一起欣赏快乐了。

大家看，孟子多么会诱导人，多么会说服人！但是，我们也只能很悲哀地看到孟子的无奈。因为他并没有说服齐宣王。齐宣王依然好货，依然好色，依然好世俗之乐，没见这个人施行什么惊天动地的仁政来。

另外一个例子是孟子跟梁惠王对话。梁惠王是战国时期梁国国王。孟子去找梁惠王，也是要说服他把国家管理好。孟子找了哪个切入点呢？很绝！孟子问了梁惠王这个问题："大王，用木棍打死人和用刀杀死人，有什么不同吗？"梁惠王也不傻，说："这能有什么不同呢？"孟子说："既然两者没什么不同，那么请问大王，用刀杀死人和用恶劣的、坏的政治来杀死百姓，有什么区别呢？"他把这个逻辑建立起来了，国王也只能回答："那没什么不同。"等于承认坏的政治也可以杀人。

所以，孟子接下来就直接教训梁惠王："国王，您的厨房里现在挂满了那种皮薄膘厚的肥肉，您的马厩里有健壮的马，可是您的百姓面有饥色，野外躺满了他们的尸体，这等于是居高位的人，率领野兽来吃人啊！"就是说，你是国王，却不施行仁政，率领一群野兽来吃人。看到两只野兽自相残杀，人都感觉到恶心，都不愿意看，你居然公然率领野兽出来吃人，怎么能够做百姓的保护者呢？

大家看，这就是孟子和两位国君的对话。这样的对话在《孟子》里比比皆是，多么机智，多么仁厚。但是，终究还是多么无奈！"孟子者，七篇止，讲道德，说仁义。作中庸，子思笔，中不偏，庸不易。"

我们讲了四书里的前两部，一部《论语》，一部《孟子》。那么，四书里的其他两部——《大学》和《中庸》，它们的情况又是怎么样的呢？其实这两部，我们在以前讲的篇章中多少都涉及过，那么，在这里我们要用比较多的篇幅，换一个角度去讲述了。

《三字经》首先讲的是《中庸》："作中庸，子思笔，中不偏，庸不易。"这十二个字的内容含量很大，解释起来也很困难。里边有许多东西需要加以说明。《中庸》的作者是谁？《三字经》很明确地说了，是子思写的。子思，是孔子的孙子，儒家代表人物。其实，在孔夫子去世以后，儒家有八个主要的派别，子思这一脉的儒家就是八派当中的一派，现在看来还是相当重要的一派。《中庸》的重要性在于：它在儒家典籍里理论层次最高，理论色彩最为浓厚。

大家也许会问，能不能用尽量浅显的语言来说一说《中庸》究竟在理论上有什么特别高明之处？我想，最好的办法就是用《三字经》的六个字来讲："中不偏，庸不易。"

"中不偏"还比较好讲，就是讲处世、做事不偏不倚，不走极端，以一种比较持中的态度来处世，来做事。"庸不易"就不那么好讲了，历来的解释都有两种，这两种解释多少有点差距。一种说法是，"庸"是经常、永不变化、持久、永恒的意思。

如果按照这种解释，"中不偏，庸不易"就是讲，不走极端这种德行，是放之四海而皆准的，是永恒的。

另外一种解释是，庸是庸常之意，用我们今天的大白话来说，就是普普通通、平平常常。平庸才能长久，普通才是伟大。

如此看来，两种解释都有一定的道理。宋朝的理学大儒程子曾经说过："不偏之为中，不易之为庸。"《三字经》的这两句很有可能是从程子的话里面总结出来的。我认为，前一种解释比较稳妥一点。换句话说，处世做事不偏不倚，不走极端，乃是永恒的德行。

我们常听说"修身、齐家、治国、平天下"。这些词的出处就是《大学》这本书。《大学》只有一千七百多字，在四书中篇幅最小。然而，朱熹却把《大学》列为四书之首。那么，《大学》为什么如此重要呢？《大学》又有什么需要我们进一步解释的呢？《三字经》用了十二个字："作大学，乃曾子，自修齐，至平治。"

这里的前六个字没有问题，《大学》的作者是曾子。这大概没有什么太大的争议，最起码前面的一部分是曾子著的。曾子是孔子七十二门人之一。

书名《大学》，有什么特别的意思呢？这里当然不是指今天的"大学"，关于这个书名，我们的前人有两种说法。一种说"大学"就是广博之学的意思，即非常广大、非常博大的学问。另一种说法，这个"大学"是相对于小学讲的。是指什么呢？君子达道从政之学。那就等于说"大学"讲的是君子去从政的一种学问。这也就是古人所谓的大人之学。我想，这两种说法其实可以互补，并不见得就有什么冲突，不必非要否定一种，肯定一种。两种解释不妨并存。

《大学》的重要性就在于，它提出了中国文化精神史上非常重要的所谓的"三纲领"和"八条目"，这两个概念成为中国传统社会的一种核心观念。对于"三纲领"和"八条目"，我们今天怎么评价都不会过高。

"三纲领"即《大学》的第一句："大学之道，在明明德，在亲民，在止于至善。"意思是《大学》的宗旨，就是在于弘扬光明正大的品德，在于使人弃旧向新，在于使人的道德达到最完善的境界。

什么是"八条目"呢？《大学》明明白白地告诉我们："古之欲明明德于天下者，先治其国；欲治其国者，先齐其家；欲齐其家者，先修其身；欲修其身者，先正其心；欲正其心者，先诚其意；欲诚其意者，先致其知；致知在格物。"

也就是说，古代那些打算要在天下弘扬光明正大的品德的人，首先要做什么呢？要治理好自己的国家。假如你想治理好自己的国家，那么首先要管理好自己的家庭和家族。假如你想管理好自己的家庭和家族，那么首先要修养自己的品行。假如你想修养自己的品行，那么首先要端正自己的心思。假如你要端正自己的心思，那么首先要使自己的意念很真诚。你要想使自己的意念真诚，先要使自己获得知识。而获得知识的途径，就在于考究、了解、认识万物的道理。

《大学》非常强调"八条目"，它怕我们看不明白，或者怕后人忽略，紧接着把这个顺序倒过来又讲了一遍，倒过来的顺序也许更加清楚。什么顺序呢？"物格而后知至，知至而后意诚，意诚而后心正，心正而后身修，身修而后家齐，家齐而后国治，国治而后天下平。"到现在为止就很清楚了，这个所谓的"八条目"，就是格物、致知、诚意、正心、修身、齐家、治国、平天下。

无论我们今天怎么去认识这"八条目"，在中国古代传统当中，有无数的仁人志士确实是按照这个"八条目"去度过他们一生的，有的人甚至付出了生命，有的人更是付出了整个家族的生命。

　　那么，这个"八条目"的核心在哪里呢？《大学》明白无误地告诉我们："壹是皆以修身为本。"它明白地告诉我们，上到天子，下到平民百姓，大家都要培养自己的品行，这是最重要的一个环节。"其本乱，而末治者否矣"，就是说，没有听说过乱了，修身修得不好的，别的居然还能做得到。自己的品行修不好，家里还能太平吗？如果每一个家庭或者家族不太平，这个国家还能太平吗？如果每一个国家都不太平，这世界能太平吗？这是《大学》告诉我们的。

　　那么，《三字经》还举出了哪些中国传统典籍，希望学子们能够进一步去阅读呢？请大家听下一讲。

第十一讲

孝经通，四书熟

孝经^①通，四书熟，如六经^②，始可读。

诗^③书^④易^⑤，礼^⑥春秋^⑦，号六经，当^⑧讲求。

有连山^⑨，有归藏^⑩，有周易，三易详。

---

①孝经：书名，儒家经典之一。

②六经：儒家六部经典的总称。

③诗：《诗经》。

④书：《尚书》。

⑤易：《周易》。

⑥礼：《礼经》。

⑦春秋：相传孔子整理删订而成的编年体史书。

⑧当：应当。

⑨连山：书名，相传为伏羲所作。

⑩归藏：书名，相传为神农所作。

孝经通，四书熟

　　《三字经》认为，熟读四书之后，要先学《孝经》，然后就该学习六经了。我们平常说四书五经，而《三字经》当中为什么要提学习六部经典？学习六经都有哪些好处？又有哪些负面作用？在中国传统社会中，为什么历代帝王都非常推崇《孝经》？而以鲁迅为代表的一些著名学者又为什么要猛烈抨击《孝经》？对于充满神秘色彩的《易经》，我们又该如何认知呢？

仅仅了解四书，还不足以了解中国的传统文化，接下来《三字经》又要讲哪一本书呢？那就是《孝经》。

"孝经通，四书熟，如六经，始可读。"《孝经》学通了，四书熟悉了，所谓熟悉，在古代一般来讲就是能够背出来，然后才可以学习六经。当然，大家要注意，《孝经》是一部很特别的经典。非常有意思，也非常奇怪的一点是，它历来受到统治者的青睐。古代中国的统治者都非常喜欢《孝经》，都大力弘扬《孝经》。道理在哪里呢？《孝经》讲的不光是孝道，它还指出，孝是一切德行的根本，并由此推出忠君思想。

每一个人都以什么来开始自己的孝道呢？侍奉自己的双亲。先对自己的父母或者自己的直系长辈有一份孝心，然后把孝心从自己的家族当中推广出去，最后推广成忠君，就是要把国君也视作自己的父母，要用孝顺父母的心来培养出一种忠君的思想。这么一来，就将作为一切德行最根本的孝和忠君的思想紧密地联系起来，变得密不可分。哪一位国君会不喜欢这部经典？

但是，非常有意思的是，一些学者对《孝经》的评价却历来很低。在十三经里面，恐怕对《孝经》的评价是最低的。有的学者干脆说，《孝经》花半个小时看看就够了。这在老一辈学者对待经典的态度当中，绝对是一个非常奇怪的特例。

这种情况当然和五四运动以后的非孝思潮有关系。那个时候，我们提倡反封建。我们发现，在我们以为的封建社会里有一点很关键，就是孝道。如果不把这个孝道反掉，忠君的思想也就反不掉，因为它们是紧密联系在一起，剥离不了的。所以，五四时期兴起过非孝的态度。

当时专门有这种文章，有的题目就叫《非孝》。当然，这样的一种态度，放到今天我们可以商榷。五四运动离现在也就一百多年吧，当时这个非孝的观点一定是有它的道理的。这就影响到好多学者，特别是近现代的学者，对《孝经》的评价极低。这就和皇帝的倡导形成了一种鲜明的对比。这一点，也是这一个非常独特、非常奇怪的地方。

和《孝经》有关的故事很多，我在前面已经跟大家讲过，比如"黄香扇枕"。我不再重复，而是想从历史当中找出其他两个真实的故事，来揭示孝的复杂性。

我们怎么来看传统文化当中的核心概念——《孝经》所传达的孝，恐怕不是那么简单的一件事情。

我讲的第一个例子是东晋孝武帝和《孝经》的故事。《晋书》记载，孝武帝是很聪明的，正所谓"幼称聪悟"。他从小在《孝经》的教育下长大，自己很早就开始宣讲《孝经》。但是，当他的父皇驾崩了，他却根本不哭，完全不悲痛。旁边好多大臣实在看不下去了，说："皇上，根据《孝经》，您起码要哭一哭的。"大家知道孝武帝怎么回答的吗？"哀至则哭，何常之有。"换成今天的话就是："我真要悲痛到受不了了，我会哭的，难道我经常要哭啊？"

这个皇帝不孝，最后治了他的是谁呢？是他的一个宠妃。他对父亲没有什么孝道，但特别宠爱这妃子。这个妃子姓张，将近三十岁。孝武帝就跟这个妃子开了一个玩笑："汝以年当废矣。"就是说："要论你的年龄，我应该把你给废了。"因为那时候一位女性到三十岁就算大龄了。结果这个妃子当天晚上把他杀死了。这就是一个嘴上讲孝道，实际上跟孝道风马牛不相及的皇帝的最后下场。

第二个故事则是一个非常有名的故事，叫"诵《孝经》以退黄巾"。

汉朝有一个人叫向栩。这是一个很奇怪的人。他年轻时在家读《老子》，好像是在研习道家的学问。但是，他又像

是一个狂生。怎么个狂法呢？他经常披头散发，拿根红带子系在头上，长年累月坐在一块木板上，也不是打坐，就坐在那儿。坐得这块木板后来居然出现了他膝盖的印迹，把木板都快坐穿了。

他不喜欢说话，而喜欢长啸。有客人来了拜访他，他也见，但是，进来以后怎么样呢？他也不跟人家好好说话，就趴在那里，不理人家。

向栩有时候骑着一头驴上街去乞讨，有时候满大街找那些乞丐到自己家里又吃又住又玩。当时人们看不懂，都认为这可是个高人。一般我们看到这种比较奇怪的人，要么认为他疯，要么认为他傻，要么认为这个人实在是高明。

那个时候，朝廷征召他出来当官，推荐的人说："我们这里还有这么一位高人，做事情跟别人都不一样。"他不出来，拒绝当官。别人就更认为这是个高人。后来，朝廷征召他当一个比较大的官。于是，向栩出来了。他的官职越混越高，混到了侍中，那是朝廷里面很大的官了。每当朝廷里面讨论军国大事，他就一脸正气，大义凛然，弄得别的臣子见到他有点怕，都觉得这个人一定有思想、有本事。

终于有一天，黄巾军遍地起义，宫廷里面自然要讨论出兵镇压的事。向栩却说："不用出兵。"别人问他："你有什么高招儿？"他平时都侃侃而谈啊。他说："但遣将于河上，北向读《孝经》，贼自当消灭。"意思是就不必派兵了，派一个将领到黄河岸边上，朝着北面去朗诵《孝经》，贼自然就消灭了。这就叫"诵《孝经》以退黄巾"，很怪的一个故事。

大家知道向栩这个人的结局是什么吗？当时有个宦官叫张让，早就看他不顺眼：本来不怪，却非要把自己弄得很怪，他不是说诵《孝经》以退黄巾吗？明摆着他是不打算让朝廷发兵去剿灭黄巾了，看样子他跟黄巾有勾结！干脆设计将他下狱给弄死了。

《三字经》上讲，四书、《孝经》读好了，接着就应该读六经了。顾名思义，六经应该是指六部经典。那么，是指哪六部经书呢？

"诗书易，礼春秋，号六经，当讲求。"没有接触过《三字经》的，或者没有认认真真读《三字经》的人，一读到这里可能有些不解了。《诗》《书》《易》《礼》《春秋》，怎么"号六经"啊？这不才五部吗？

《三字经》流传了那么多年，在这方面是不会出错的。这个问题就出在《三字经》里的"诗书易，礼春秋"的"礼"上头。《三字经》里边的"礼"指的是两部经，一部叫《周礼》，一部叫《礼记》。所以，《三字经》的"诗书易，礼春秋"中"诗、书、易、春秋"每部确有所指，而这个"礼"却是指两部经。

诗——《诗经》

书——《尚书》，也称《书经》

易——《易经》，也称《周易》

礼——《周礼》《礼记》

春秋——《春秋》

不少学者认为，这六部经在中国文化史上各占了一个"第一"。也就是说，六经有六个第一的地位，哪六个第一呢？

《诗经》——第一部诗歌总集

《尚书》——第一部历史文献汇编

《易经》——第一部经典哲学著作

《周礼》——第一部组织管理和典章制度著作

《礼记》——第一部文化资料汇编

《春秋》——第一部编年体史书

所以，六经在中国文化史上具有无可替代的崇高地位。大家看看，就这一点而言，谁能说六经的价值不高呢？《论语》认为，这些经典能够使人思想纯正，言语高雅，礼貌而守规矩。这当然是有道理的。

那么，六经所能够带给我们的，都是好东西吗？难道就没有什么负面的影响吗？

这也要看我们怎么去学习，怎么去理解六经。假如学习不得法，假如我们的理解有偏颇，那么，六经有时候也会产生一些不良的影响。这一点，并不是我们现代人才注意到的，古人就有这个智慧。《礼记·经解》就告诉我们，六经也是可能产生不良影响的。

"诗之失，愚；书之失，诬；乐之失，奢；易之失，贼；礼之失，烦；春秋之失，乱。"

　　"诗之失，愚"。《诗经》可能产生的不良影响是愚。如果用一种不是太好的方法去学《诗经》，有可能变得整天无病呻吟，咬文嚼字，不顾大节，扭捏作态。这类文人谁能说他们不愚蠢呢？所以"诗之失，愚"。

　　"书之失，诬"。《尚书》也有可能带来不良的后果。因为历史都是后人编的，里面难免会有这样或那样的问题，所以不能够完全相信历史。孟子说得非常直截了当，"尽信《书》则不如无《书》"，"书之失，诬"。就是告诉大家，如果不加分析，不跟自己的人生经验相结合，不跟实际情况相结合，一味地迷信书本，就会上当受骗。

　　"乐之失，奢"。这是什么意思呢？毫无疑问，文化艺术发达、繁荣是好的。但是，如果走偏了，也可能使社会风气变得奢靡。我们知道在人类历史上，好多文明古国恰恰是在文化艺术达到顶峰的时候突然灭亡的。玛雅文化，曾经多么辉煌，多么神奇，突然就没有了。好多古代文明正是在它创造了非常繁荣、高度发达的文化艺术的时候，紧接着突然衰亡了。这里面透露出来的消息难道不正是证明了"乐之失，奢"吗？

"易之失，贼"。《易经》包含了丰富的哲学思想和人文知识，自然是很值得我们去研究学习。可是，有些人的路数经常会有点问题，什么路数呢？过分地看重、机械地认识《易经》里面神秘的算卦。所谓掐指一算如何如何，这就难免有点贼头贼脑的。古人讲："察见渊鱼不祥。"即如果河里面每条鱼都让人看见了，古人认为这是不祥的，不是好事。

在中国古代，好多算命的是盲人，不是盲人也得装成盲人，不然人家不信。为什么？因为中国自古以来有一种说法，这个人泄露了天机，贼！这个说法有没有道理我们不在这里评论，而是讲自古以来有这么一种思想，贼头贼脑肯定没有什么用。

不说古人，举一个距今不太远的例子。我们知道，在人民解放战争中，非常重要的一场战役就是淮海战役。当初国民党有一支重兵，战斗力比较强，是一支机械化部队，司令叫邱清泉，是一位著名将领。他带领部队在一个院子驻扎下来。一看，院子中间怎么有棵树啊？院子中间有个木头这不就是困吗？他一算，不行，把他困住了，马上下令把这棵树给砍了。他挺高兴，在院子里踱来踱去。

旁边有个人多嘴："司令，您一个人在院子里走不就是个'囚'吗？你把自己囚在那儿了。"邱清泉心道："哟，有道理。"从此以后在院子外面逛。这是民间的传说。但他忘了，他的司令部的所在地叫商丘（谐音"伤邱"）。

他后来兵败了，身亡了。邱清泉的所作所为就是贼的所作所为！他的失败并不是因为这个院子有个围墙，并不是因为院子里有棵树，并不是因为他在里面住，并不是因为他在院子里逛，也不是因为他的司令部设在商丘，而是他所代表的那股力量腐朽了！所以易之失也有可能是贼，讲得多好！这难道不值得我们深思吗？

"礼之失，烦"。为什么这么说呢？讲礼貌当然是很好的事情。我们经常说，礼多人不怪，难道真的是礼多人不怪吗？我们知道，在中华民族的大家庭里面，好多民族都很讲礼貌，如以讲礼貌著称的满族人，也就是过去我们在北京城里经常见到的传统旗人。

大家知道，旗人和旗人之间打招呼那是极其讲究礼节的，一见面先给对方打个千儿："您好，您家里老太太好？老太爷好？二姑娘好？三弟弟好？"这千一直打，打到最后又想起："对对，您家的蟋蟀可好？最近赢了吗？您家那条狗最近胃口怎么样？您那八哥怎么样，会唱歌了吗？"这就叫"礼之失，烦"。

"春秋之失，乱"。这是非常深刻的。历史中有好多智慧，好多光明正大、堂堂正正的人物和行为，但历史中毕竟也有好多阴谋诡计，有好多钩心斗角，也有不少卑鄙龌龊的东西。我们应该学习的是前面的东西。如果把脑筋放到后面去，整天去学怎么挖坑埋人，怎么玩弄诡计，那就会导致混乱！所以"春秋之失，乱"。学历史是好的，学得不得法，学了历史里边可怕的那些东西，导致的结果很可能就是混乱。大家看看《礼记·经解》，古人的著作多么有水平！

"有连山，有归藏，有周易，三易详。"按照《三字经》的排序，第一部是《易经》。《三字经》，怎么讲《易经》的呢？"有连山，有归藏，有周易，三易详。"也就是说，《易经》实际上有三种，咱们今天一般都只知道《周易》了，实际上在古时除了《周易》以外还有两种，一个叫《连山易》，一个叫《归藏易》，只不过这两种早就失传了。今天，咱们在路边买到的《连山易》《归

藏易》都是后人编的，都是假的。现在我们留下的，能够被学者承认的，只有《周易》。所以，我们就只能先讲《周易》。

《周易》是什么时候的作品？具体的时间当然说不上来，但其中有些部分，或者其中相当的部分，甚至其中主要的部分写成于西周初年。《周易》是一部博大精深、包罗万象的著作，当然不是我们在这里能够详细讨论的。

我们要注意的是，利用《周易》，或者打着《周易》的幌子，用在算命的这种行为上。我们要明白，古人离《周易》比我们离得近吧，春秋战国时期的人是怎么看待《周易》的，这大概是最重要的。

孔子在晚年，曾经花了大力气去读《周易》。孔子的学生看见觉得有点奇怪，就问老师："您也相信这个占卜啊？"孔子说："《易》里面有好多古人的哲理。我读它并不是钻研占卜，我是要研究其中的道理。"孔子对待《周易》的态度是值得我们思考的。

《周易》是中国文化的瑰宝，作为中华民族的子孙，应该为我们拥有这样一座宝藏而感到自豪。我们也更应该感觉到自己的责任，用一种正确的方式去阅读、去理解、去感悟，去应用《周易》传达给我们的道理。

这"三易详"是什么意思呢？

三易详这句话应该怎么理解呢？有两层意思：一层意思是，这是一句总结的话，我在前面讲过了，有《连山易》，有《归藏易》，有《周易》。这就是"三易"了。还有一层意思，就比较深远了。《易经》这个"易"在甲骨文里头是上面一个日，下面一个月，什么意思呢?

第一，简易。就是像太阳和月亮一样，抬头就能看见。真理往往非常简单，非常明了。

第二，变易。就像太阳和月亮一样，是不停地运转的，每天都在变化的，每时每刻都在运动的。它告诉我们，要明变，换句话说应当与时俱进。就是有最高智慧、最聪明的人知道变，会去适应变;有中等智慧的人就跟着变;而下智之人就不懂得变，在那儿待着就什么都不管了。

上智之人——适应变
中智之人——跟着变
下智之人——不知变

第三，不易。太阳和月亮永远不会相撞，所以这里边还有一种不易，是指永恒的意思。总之，《周易》博大精深，需要我们花大力气去研究、去领悟。

至于《三字经》关于其他经典的内容，请大家听下一讲。

第十二讲

有典谟，有训诰

有典①谟②，有训③诰④，有誓⑤命⑥，书⑦之奥⑧。
我周公⑨，作周礼⑩，著六官⑪，存治体⑫。

---

① 典：《尚书》文体之一，主要记载典章制度。

② 谟：《尚书》文体之一，主要记载大臣谋士为君主建言献策的事迹和言辞。

③ 训：《尚书》文体之一，用于记载贤臣训导君王的言行。

④ 诰：《尚书》文体之一，是君王的政令。

⑤ 誓：《尚文》文体之一，是君王出师征伐誓师的文辞。

⑥ 命：《尚文》文体之一，是君王对大臣的训令。

⑦ 书：《尚书》。

⑧ 奥：深奥难懂。

⑨ 周公：周武王的弟弟姬旦，西周初年的著名政治家。

⑩ 周礼：书名，亦名《周官》。

⑪ 六官：《周礼》分天官、地官、春官、夏官、秋官、冬官等六个周代的典章制度。

⑫ 治体：政治体制。

在《三字经》中，《诗经》《尚书》《易经》《礼记》《周礼》《春秋》合称为六经。凡是有志于读书的人，都应当仔细研习，探求其中的道理。而在这六经中尤以《尚书》这部书的命运最为坎坷，那么《尚书》是一部记载什么内容的书？它的作者又是谁？为什么它的地位如此重要？历经岁月沧桑，一部书的命运变化，又折射出怎样的时代变迁？

有典谟，有训诰

这一讲，我们就接着按照《三字经》的顺序讲《尚书》。《三字经》关于《尚书》的十二个字是："有典谟，有训诰，有誓命，书之奥。"

《尚书》是什么意思呢？"尚"是年代久远的意思，"书"就是历史文献。《尚书》就是年代久远的历史文献，它是中国现存最早的历史文献的汇编。

《尚书》大概到战国晚期才汇编成书，我们也不知道最早究竟有多少篇。《三字经》讲的典、谟、训、诰、誓、命，这六类都是《尚书》的文体。典是记载嘉言懿行和典章制度的。谟是大臣为君主谋划，如何来治理国家的这些言谈。训跟大家的想象可能有差距了。训，教训的训，指的是贤臣训导君主的言行。我们今天讲的训，往往指的是以上对下，训令、训斥、教训，这跟《尚书》里的训有点不同。诰是君主的政令。誓是君主讨伐叛逆时的誓师、发兵的文告。命则是君主对大臣的训命。这是六类文体。

我要给大家特别解释的是《尚书》这部书非常独特的命运。《尚书》是战国后期才开始成书的，正好遇上秦始皇焚书坑儒。

秦始皇不是什么书都烧的，种树的书他不烧，医书不烧，占卜的书也不烧；秦始皇要烧的重点是六国史籍，就是记载着楚、魏、赵、韩、燕、齐等这些国家的档案材料。他是为了把那些国家过去的历史给抹杀掉，因为秦朝已经大一统了。像《尚书》这样的书，正是要烧的重点中的重点，因为它记载的是古代的文献资料。

这一烧，当然就把《尚书》给烧残了。因为秦朝的焚书令是很严酷的。如果某人偶尔在街上讲六国史籍和类似于《春秋》这样的书，即须弃市——当场砍了扔在街上。所以，《尚书》这一烧就残了。到了西汉初期，《尚书》只剩下了可怜巴巴的二十八篇。那么，这二十八篇是怎么躲过秦始皇的焚书而保留下来的呢？

这是一个很感人也很凄凉的故事。有一个儒生叫伏生，他十岁拜师学习，研读《尚书》。

伏生是一个非常刻苦、非常用功的人，他把自己关在一间阴冷而潮湿的石头房子里：第一，安静；第二，睡不安稳。他在这样的房子里不可能睡得很舒服，是为了逼迫自己经常醒过来读书。他在这个房子里反复地诵读《尚书》。

他是怎么记他读了多少遍的呢？他在自己的腰上系上一根绳子，系完这根

绳子以后，腰得凸出来一大圈：八十尺！它不是当腰带用的。每背一遍《尚书》他打一个结，很快这根绳子就打满了结，自然就把《尚书》背得滚瓜烂熟了。

秦朝初年，秦始皇刚统一六国时，伏生因为非常精通《尚书》，声名显赫，还被选为儒学博士。但到了公元前213年，也就是秦始皇统一六国以后的第八年、第九年的关口，秦始皇采纳了李斯的意见，开始焚书坑儒。伏生就冒着生命危险，把书抄在竹简上，藏在夹壁里。他砌了两道墙，把竹简藏在两道墙之间的暗壁里边。藏好了以后，伏生就逃命去了。

汉朝建立以后，伏生才辗转回到老家。第一件事就是打开墙壁，去找他藏在里面的《尚书》。经过那么多年，书是没被人发现，还在夹墙里，但虫子咬、老鼠啃、雨水泡，这部书已经损失了一大半。伏生只能凭着少年时所下的苦功得来的记忆，整理这部残书。但是，伏生回来的时候岁数已经不小了，而且经过这么多年颠沛流离，记忆力还是会减退。所以，这部藏书恐怕已经被他遗忘了相当一部分。

伏生本来就是秦朝的著名学者，他保存《尚书》的事迹传到了汉代的朝廷，汉文帝正好在弘扬和提倡经典的研究，所以征召伏生到朝廷去当官。这当然是一个宣扬《尚书》的好机会了。但为时已晚。伏生已经是伏老先生了，那个时候他已经九十多岁，不可能出远门了。

还好，汉文帝非常重视对这些经典的保留和弘扬，老先生既然来不了，就派了一个非常著名的人上门向

伏生学习《尚书》。这个人就是晁错，颍川人，他主张加强中央集权，提出"削藩策"，七国叛乱后被汉景帝错杀。等晁错赶到伏生那里的时候，伏生已经没有什么精力了。九十多岁的老人，已经不可能再教育这个弟子。

伏生的女儿跟着父亲多少学过一点《尚书》，就由女儿口授给了晁错。这一口授，恐怕又得打点折扣。《尚书》非常佶屈聱牙，晁错用汉朝流行的隶书文字，把从伏生的女儿嘴里听来的《尚书》记录了下来，结果是二十八篇。可见，古人保留一部典籍多么困难！晁错写下了这二十八篇《尚书》带回朝廷以后，又在民间发现了零零碎碎的一篇。所以，今文《尚书》一共二十九篇。不过，这只是《尚书》的一部分命运。

到了汉武帝的时候，鲁国曲阜有个鲁恭王刘余。鲁恭王打算把隔壁孔子故居的墙壁给拆了，把王宫扩建过去。哪知道，这一拆又发现了夹墙，夹墙里面居然是孔子的子孙藏的好多竹简，其中也有《尚书》。

但是，这部《尚书》是用古文字而不是用隶书写的，所以就叫古文《尚书》，它正好五十八篇，比今文《尚书》多出一倍。说到这里，也许大家会觉得，《尚书》的命运坎坷且诡异。但是，毕竟传下来了，值得庆幸。然而，《尚书》的故事还没有完。

在汉代已经有了两部《尚书》——今文《尚书》和古文《尚书》被保存下来了。但是，到了西晋初年，战乱开始，社会动荡，《尚书》又一次散失了。因为古代的书是每种都没有几部的，不像今天批量印刷。

逃到南方的东晋王朝建立以后，有一个叫梅赜的人进献了伪《古文尚书》及伪《尚书孔氏传》，这部《尚书》两万五千多字。大家高兴极了，因为又找到了《尚书》，中国第一本古代历史文献汇编重现人世，朝廷也大力提倡。所以，这部《尚书》就一直流传了下来，我们今天的《尚书》就是从这个本子来的。

然而，谁都没有想到，一些学者，特别是清朝初期的学者，居然找到了确切的证据证明这部《尚书》是伪造的。所以，我们今天的《尚书》其实是个伪本。但是，我们今天为什么还要用它呢？没有办法，因为我们只有这一部《尚书》。此外，虽然它是伪造的，但根据学者的意见，其中还是有一部分不是完全没有来历的，是可以被接受的。尽管我们已经有把握说今天的《尚书》是一部伪书。但是，我们已经没有办法抛掉它。

《尚书》的坎坷命运告诉我们，对传统文化遗产应该百倍珍惜，一部书流传下来，是多么艰难，多么不容易。所以，摧残传统文化典籍是一种罪孽。

《三字经》在讲完了《易经》和《书经》之后，接着就是《周礼》："我周公，作周礼，著六官，存治体。"

《周礼》的作者是谁？我们不知道。但是，一般都相信《周礼》是周公作的。周公，何许人也？周公姓姬，名旦，是周文王的第四个儿子，也是周武王的亲弟弟。武王在建立周朝以后很快就病逝了。继位的成王是武王的儿子，只有十三岁，周公就是成王的叔叔。

"周公辅成王"是一个著名的故事。周公非常负责任，勤于政事。古人的头发很长，比现在绝大多数女孩子的头发要长得多。周公在洗头的时候一碰到急事，就马上停止，古代没有吹风机，他头发还是湿的，又盘不起来，手上握着头发就冲出去办公。吃饭的时候，只要有人以公事求见，周公马上就会把嘴里的饭吐出来，赶紧接见来人。他是一个非常勤于政事的典型。

虽然周公如此鞠躬尽瘁，尽心尽力辅佐自己的侄子成王，可是周公有两个弟弟，一个叫管叔，一个叫蔡叔，出于嫉妒心和各种各样的心理动机，就在外边散布谣言，说周公暗藏野心，觊觎王位。

周公的权力太大了，成王年纪又小。那个时候商朝刚被灭不久，商纣王的儿子武庚还在，被周朝封为殷侯，只是个侯爵。他被周朝监视，所以武庚心里一直不爽快，一直在找机会颠覆周朝，盼着周朝发生内乱，他就可以推翻周朝，恢复商朝，自己重登王位。

于是，武庚就跟管叔、蔡叔串通起来，不仅联络了商朝的残余势力，还煽动了其他几个部落，终于发生了一次大规模的叛乱，这给新生的周朝带来了巨大的威胁。武庚、管叔、蔡叔所制造的谣言传得沸沸扬扬，连召公——另外一个非常贤明的贵族，也开始怀疑起周公来了。

周公的侄子周成王年纪还小，不怎么懂国家大事，分不清楚是非，也开始怀疑自己的这个叔叔，对这个叔叔不放心。周公的心里当然难过了。但他鞠躬尽瘁，问心无愧。所以，他首先和召公长谈了一次，说明自己是没有任何野心的，希望大家能够同舟共济，顾全大局。他跟召公说明白以后，召公就站在周公这边。

三年后，周公平定了武庚的叛乱，建立了不朽的功勋，周朝是他挽救的。但一等到周成王年满二十岁，周公就把统治权原原本本、毫不犹豫地交还给了

成王，自己一退到底。周公主持整理了周朝以前的文化，建立了典章制度，确定了国体，开创了周朝八百年天下的基业。

《周礼》刚一出现就引起了很大争论，别人觉得太奇怪了：这部书竟然能逃过秦朝的焚书，到西汉中期才被发现，而且形态还相当完整。所以，一开始有的人干脆就认为《周礼》是一部伪书，不是真的。

后来的学者经过研究发现，《周礼》所记载的行政机构根本就不是周代现实的政治制度。一般认为，它是春秋战国时代的思想家根据西周的旧制度，加以理想化的结果，现实社会中并没有这样的制度。当然，它还是吸收了一些周代的典章制度的资料，所以具有相当的史料价值。我们今天考察古代中国的田制、兵制、学制、刑法等，都不可能离开《周礼》。

再说，它终究还是儒家的经典，对后来历朝历代的政治制度产生了深远的影响。尤其要强调的是，后来中国历史上非常著名的变法，包括汉代王莽新政、宋朝王安石变法，这些变法无一不是描摹《周礼》的制度，深受《周礼》的影响。那么，《周礼》对后来的政治制度到底有哪些影响呢？这就必须说到六官。

什么叫"六官"呢？《周礼》全书五六万字，分了六个部分，即六官，就是：天官冢宰、地官司徒、春官宗伯、夏官司马、秋官司寇、冬官司空；以天、地、春、夏、秋、冬来分，各配上一套官。这个不是乱配的。

比如秋官司寇，这是管刑罚的，过去杀人不会在春天杀的，执行死刑一律在秋后。秋后问斩是有道理的。因为古代的统治者认为，人间的一切政治行为应该和自然现象相吻合，到了秋天，树也落叶了，草也变黄了，生机都没有了，可以杀人了。在春天不行，万物欣欣向荣，在这个时候杀人，是逆时而行，有点晦气。它的配系有一套宇宙论做背景的。

天官冢宰，在明、清的时候就是吏部，相当于今天的组织部、人事部。地官司徒，明、清的时候叫户部，相当于今天的财政部，还有公安部户籍管理的那一部分。因为我们现在的户籍归公安部管理。春官宗伯，明、清的时候叫礼部，相当于今天的外交部、教育部、文化部。夏官司马，明、清的时候叫兵部，相当于今天的国防部。秋官司寇，明、清的时候叫刑部，相当于今天的司法部和公安部的一部分。冬官司空，明、清的时候叫工部，相当于今天的建设部、农业部等等。

这样一排我们就可以看出来，《周礼》对于管理体制、管理机构的设置的影响，实际上一直延续到今天。当然，历史进步了，会有所调整。但是，大致的形态还是如此。中国在很长的历史时期里设置六部，还是根据《周礼》来的。

所以，我们可以看到，实际上一直到今天，政府的序列、组织管理体系的架构恐怕还没有怎么跳出《周礼》的总框架，这难道不就是《三字经》说的"存治体"吗？"著六官，存治体。"保存了治理的这个体制，就保证了治理、管理、统治最主要的骨架，《三字经》说的是完全符合实际情况的。

我们前面讲，五经并不包括《周礼》，五经是《诗经》《尚书》《周易》《礼记》《春秋》。《周礼》不也是起码在战国那个时候已经成书了吗？为什么五经不包括《周礼》呢？《周礼》既然那么重要，为什么在五经里面没有它的一席之地呢？这必须回到《孟子》当中去寻找答案。

"其详不可得闻也，诸侯恶其害己也，而皆去其籍。"意思是说，详细的情况不得而知，但是，各个国君都非常厌恶它。因为《周礼》对自己不利，所以大家共同行动，把《周礼》搁在一边，甚至要毁掉它。我们只要稍微读一读《周礼》，就可以发现，《周礼》是古代国君都不会喜欢的。

随便跟大家举一个例子，我们平时都挂在嘴上，今天还经常可以在报纸上读到的一句话就出自《周礼》，就是"礼不下庶人，刑不上大夫"。这句话在过去被理解成什么？这句话被理解成礼法是不用在老百姓身上的。换句话说，对老百姓是没有什么礼要讲的。刑法是不能施加到贵族官员身上的，也就是说，对贵族官员是不能用刑法的。过去我们都是这么理解的。

但是，这句话完全不符合《周礼》的本意。《周礼》的本意是礼法、礼仪不应该排斥平民，刑法并不能优待大夫。我们后来理解这句话时，把它理解成对老百姓不用讲礼法，对官员不可用刑法，把"下"和"上"这两个动词理解错了。《周礼》要告诉我们的精神和本意恰恰是，礼法不应该把老百姓排除在外，不应该把老百姓放下不顾；刑法不应该优待或者照顾贵族官员。

有这样一种思想的一部经典，请问，哪个诸侯会喜欢？孟子是非常敏锐的，一语破的，为我们揭示了《周礼》不算在五经里边最关键的原因。

接下来的《三字经》还是讲礼经，这就讲到了早就成名的《礼记》。关于《礼记》的部分，请大家听下一讲。

第十三讲

大小戴，注礼记

大小戴①，注礼记②，述圣言③，礼乐备。
曰国风④，曰雅颂⑤，号⑥四诗，当讽咏⑦。

---

① 大小戴：指西汉儒家学者戴德、戴圣。

② 礼记：书名，秦汉以前各种礼仪论著的选集。

③ 圣言：圣人的言论。

④ 国风：《诗经》的类名，包括当时十五个诸侯国和地区的一百六十篇诗歌。

⑤ 雅颂：《诗经》的类名，其中，《雅》主要是贵族士大夫的作品，分《大雅》《小雅》两大部分，有诗歌一百零五篇；《颂》是用于宗庙祭祀的乐歌，分为《周颂》《商颂》《鲁颂》三部分，有诗歌四十篇。

⑥ 号：号称、被称为。

⑦ 讽咏：吟诵。

　　《礼记》和《诗经》都是儒家文化的重要经典，也许很多人没有读过这两部书。但书中的许多成语和词语却被我们经常使用着，这是为什么呢？孔子说："不学诗，无以言。"意思就是，不学《诗经》，就不会说话，真的是这样吗？是谁整理编订了这部《诗经》？《诗经》中的《风》《雅》《颂》是怎么分类的？《诗经》中的诗歌，不仅语言凝练优美，而且记载了周朝诸侯国所发生的许多故事。接下来要讲的《新台》和《二子乘舟》，是如何对卫宣公荒淫无耻的行为进行嘲讽的？

《三字经》接下来就讲到了"大小戴，注礼记，述圣言，礼乐备"。《礼记》实际上是研究礼仪的，是汉代人撰写的文献。在汉代研究礼仪的学者当中，有两位最有名，一个叫戴德，一个叫戴圣，这就是《三字经》讲的"大小戴"。为什么叫"大小戴"呢？因为前面的戴德是叔叔，后面的戴圣是侄子，是叔侄两人，所以叫"大小戴"。

大戴注的叫《大戴礼记》，小戴注的叫《小戴礼记》。《大戴礼记》在当时就出现了一些问题，混进了并不是大戴的学说，后来，我们就不怎么用它了，我们用得最多的是《小戴礼记》。所以，我们今天讲的《礼记》实际上是《小戴礼记》。

《小戴礼记》全书近十万字，如果我们要用一个字来形容《小戴礼记》的话，就是：杂。它的内容除了解释当时大部分的仪礼、规矩以外，还有好多篇章是独立的，一抽出来就是一部书。我们曾经讲过的《大学》《中庸》就是从《礼记》里抽出来的，而且一抽出来就是基本完整的。

咱们日常使用的语言以及成语，很多就是出自这部《礼记》的，比如苛政猛于虎、瑕不掩瑜、放之四海而皆准、至死不变、诚以正心、格格不入、天下为公等，这些例子还可以举下去。所以，实际上《礼记》里的很多观念、思想，已经通过我们习以为常的这些成语，深深地进入我们的传统思维当中，深深地进入我们的行为准则当中。

接着《礼记》，《三字经》开始讲一部非常有趣的经，一部充满了浪漫色彩、充满了文学色彩的经典，这就是中国的第一部诗歌总集《诗经》。

今天我们看到的《诗经》，是经过孔子整理、编订，甚至在某种程度上删改过的。

"曰国风，曰雅颂，号四诗，当讽咏。"国风是《诗经》里一个类别的名称。风是带有地方色彩的作品，换句话说国风就是当时各个诸侯国的民歌。

我们知道，周朝的疆域已经很辽阔了，底下有好多诸侯国，这些诸侯国都是独立行政或半独立行政的，只不过拥戴周天子作为天下共主，但是有自己的军队和官员。那么，周天子怎么掌握每个国家的情况呢？每个诸侯国具体发生了什么，周天子怎么能知道呢？

当时也没有传真，没有网络，没有什么特别快捷便利的信息交流的手段。为此，当时就创设了一个制度，叫采风。当时的采风是一种严格的制度，周天

子专门设立了官员，摇着铃铛到各地去走访，搜集民歌，这就叫采风。

同时，每个诸侯国也有责任把自己国内的某些诗歌定期采集，汇报给周天子。这后一部分就是两回事了，因为没有任何一个国君会把民间挤对自己、嘲笑自己的诗歌汇报给天子。

但是，国风就是由这两部分组成的。汇报到周天子那里，周天子专门设乐官管着。这些国风，这些民间的诗歌既可供周天子掌握天下大事，了解各个诸侯国的民生实际情况，同时又可以配上乐，变成歌词，成为一部音乐作品，一举两得。所谓风，就是这个意思。

"雅"和"颂"也是《诗经》的类别。"雅"一共有一百零五首诗歌，雅里面还分成两种，一种叫"大雅"，一种叫"小雅"，那么它们有什么区别呢？"大雅"是诸侯觐见周天子所进献上的诗歌。既然各个诸侯觐见了周天子，那么，周天子照例要赐宴、赏宴，和来朝见的诸侯会一番，在宴会上，所奏响的这些乐歌的歌词就叫"小雅"。所以"大雅""小雅"是有区别的。

那么"颂"指的是什么呢？"颂"主要是在宗庙祭祀的时候，对祖先、对各种神灵的一种颂歌，一共有四十篇。因为《诗经》的内容太丰富，涉及面太广，所以通过学习诗歌，就可以使自己成为一个学识渊博的人，这个很容易理解。但更重要的是，

《诗经》在带给人们知识的同时，能够提高人们各方面的修养。古人经常讲："腹有诗书气自华。"

《论语》中，记载了孔子和自己的儿子孔鲤的一段对话，孔子非常关心他自己的儿子："你忙忙叨叨的，你是不是已经学《诗经》了？你学过《诗》没有啊？"他的儿子回答孔子："还没有学。"孔子语重心长地回答了六个字："不学诗，无以言。"就是说，不学《诗经》，你怎么能说出非常优雅的话呢？

我来给大家举例子。如果我们要表达一种祝福的意思，比如我们要祝老人家健康长寿，一般说什么？"寿比南山。"如果这位老人家是一个伟大的人物，要怎么说？"万寿无疆。"

如果有朋友要搬家，可说"恭贺您乔迁之喜"。如果要恭喜自己的朋友或者亲属结婚，就有婚礼祝福："执子之手，与子偕老""新婚宴尔""天作之合""携手共行""白头到老"。

比如有件事情想来想去想不明白，就有"忧心忡忡""辗转反侧""小心翼翼""战战兢兢""如履薄冰""无所适从"。遇到什么事情没办法了，先躲一躲吧，就是"逃之夭夭"。

其他如"鹊巢鸠占""赳赳武夫""肤如凝脂""信誓旦旦""一日不见，如隔三秋""人言可畏""衣冠楚楚""不可救药""同仇敌忾""投桃报李""进退维谷"，这一串话都是《诗经》里的。

可能我们并没有按照传统的方式读过《诗经》，但大家脑子里就有《诗经》，大家的文化血脉中就有《诗经》。《诗经》是一种文化基因，已渗透在我们身上，只不过大家可能没有意识到。

《诗经》毫无疑问具有重要的价值，其中好多诗歌反映了一个很长的历史时期：公元前十一世纪到公元前六世纪，五六百年间许多当时重大的历史事件。

"曰国风，曰雅颂，号四诗，当讽咏。"

第一首诗叫《新台》："新台有泚，河水弥弥。燕婉之求，籧篨不鲜。新台有洒，河水浼浼。燕婉之求，籧篨不殄。鱼网之设，鸿则离之。燕婉之求，得此戚施。"

这首诗的意思就是说，河边造起一座新的楼台，河水在下面缓缓地流淌，美丽的女孩子啊，你设了一个渔网吧；你的目的是什么？为了打鱼吗？"燕婉之求，得此戚施。"谁知道这么美丽的一个女孩子，居然捉了一只癞蛤蟆！戚施是癞蛤蟆的意思。

这是一个什么样的故事呢？东周时代的卫国，有一个公子哥，他的名字叫晋。公子晋这个人非常淫纵不检，修养很差。坏到什么地步呢？他在还是储君的时候，就和父亲的一个叫夷姜的妾私通，还生下了一个儿子，叫伋。公子晋一看这事儿不对，自己的老爸卫庄公还在位。所以，他就把伋藏到了民间，偷偷地养起来。

后来卫庄公过世，卫国宫廷里大乱，经过非常残酷复杂的宫廷斗争，公子晋在公元前 718 年成了卫宣公，当了国君。他一继位，马上就冷落了自己的原配夫人邢妃，公然宠信自己的庶母夷姜，跟夷姜公开地出入各种场合。而且，他还把私养在民间的伋给接回来了，立为嗣子，准备把自己的国君之位传给这个儿子。

被接回来后，伋被立为太子，当时已经十六岁了。在古人来讲，十六岁到了可以婚娶的年龄，于是伋打算聘娶齐国齐僖公的长女。

卫宣公那个时候已经是国君了，还不改淫纵不检的坏毛病。他听说齐僖公的长女很漂亮，想看看齐僖公的长女到底有多漂亮，但没有机会。他就动了一个歪脑筋，派太子伋出使宋国，自己命人在淇河边上造了一个高台，就叫新台，装饰得非常华丽，然后亲自到新台去迎接齐僖公的长女。卫宣公看到这个国君的长女亭亭玉立，貌若天仙，干脆就直接把她娶了，作为自己的夫人。

齐国是以姜为姓的，所以这个齐女叫宣姜。宣姜来到卫国，原来说好是嫁给太子伋的，也知道太子伋十六岁，跟自己年龄相当。没想到，她却嫁给了自己的公公，而且公公又老又丑，便大失所望，但也没有办法。有人就编了一首民间诗歌，叫《新台》。而在《新台》后面还跟着首诗，叫《二子乘舟》。

二子乘舟，泛泛其景；愿言思子，中心养养。
二子乘舟，泛泛其逝；愿言思子，不瑕有害。

在古代，子是一种尊称，比较有地位的人称为子，如孔子、老子、

庄子等。这首诗翻译成现代文的意思是，就说两个公子，两个比较有地位的年轻人，乘船远行，水面飘荡着他们的倒影；我思念你们，心中忧愁而牵挂。

紧接着《新台》出现这么一首诗，大家就会想到这诗背后还有故事。孔子这样编一定有他的道理。那么，根据一些古人的注解再去探究，就可以知道，这首诗就是接着《新台》这个故事讲的。

这里面的二子是两个公子，一个就是太子伋，他出使宋国回来，满心欢喜，以为父亲给自己把媳妇娶好了，回头一看却变成自己的妈了。当然不是嫡母，是变成庶母。

太子伋回来后马上面临着的就是新台丑闻。但是，太子伋可能因为早年一直被养在民间的原因，身上没有皇室贵族公子常有的那种骄纵，反而从民间吸取了非常好的道德的滋养，非常恪守孝道，非常温和。他发现原来要给自己迎娶的齐国国君的长女宣姜，现在成了自己的庶母，并没有任何怨言。

而这个名叫宣姜的美女，一连给卫宣公生了两个儿子，长子叫寿，次子叫朔，即公子寿、公子朔。公子寿和公子朔虽是亲兄弟，但这两个人的性格完全不一样。虽然是异母所生，公子寿和太子伋兄弟两个却非常友爱。

但公子朔却跟他的哥哥公子寿截然不同，非常狡诈和阴险。公子朔自己想当国君。他想当国君面临着两个障碍，一个就是太子伋还没废掉，一个是他嫡亲的哥哥公子寿。这两个都成了他继承王位道路上的绊脚石。这个公子朔是小儿子，经常在自己的母亲宣姜身边进谗言。

公元前 701 年，齐僖公攻伐纪国。齐僖公现在变成卫宣公的岳父了，于是，齐僖公就叫自己的女婿派兵共同讨伐。卫宣公命令太子伋出使齐国，并且把一个使节授予了他。过去使节是使者的身份标志，现在我们讲的外交使节就是从这个地方来的。而在卫国到齐国的路上，卫宣公就和公子朔安排了杀手，准备把太子伋杀了。

但大家别忘了，还有一人——公子寿跟太子伋的关系非常好。公子寿有一次进宫去探望自己的母亲宣姜的时候，得到了消息，这就知道了自己嫡亲的弟弟、国君还有自己的生母，准备把自己的异母大哥铲除掉。

公子寿也是一个性情非常温和、非常讲兄弟友爱的人。他拼命劝自己的母亲，但没有什么效果。他母亲跟他讲："你父亲和弟弟这么做，完全是为了杜绝后患，这样才能够保住母亲、弟弟和你的性命，你千万不能泄露消息。"但公子寿跟自己的大哥太子伋关系非常好。他知道事到如今，再去向自己的父亲进谏已经没有什么用了，所以，他就私下见太子伋，劝他赶紧避出去："你也不要出使了，赶紧逃吧，留一条性命。"

然而，太子伋是一个非常有意思的人，他的回答是："为人子则从命为孝，弃父之命即为逆子。"作为儿子，必须听从父亲的命令，这样才是孝。如果把父亲交给他的使命扔在一边，自己跑掉了，那他就是逆子。再说了，即使跑又能跑到哪里去呢？他没有地方可去。所以，他做好了一切准备，不听公子寿的劝告，就上路了。

公子寿心想："如果我的哥哥这一次真的被人杀了，父亲卫宣公就要立我为太子，那我怎么办？我将来怎么面对天下的人呢？"子不可无父，弟不可无兄，他进退两难。所以，他决定替哥哥先走一步。他设了一计，代自己的哥哥而死，希望父亲能够由此醒悟，饶过自己的哥哥。

于是，公子寿也找来一艘船，太子伋一艘，自己一艘。因为太子伋马上要出使齐国了，公子寿就陪自己的异母哥哥太子伋喝酒，为他送行。他知道劝也劝不住，没什么用，为太子伋送行的时候，公子寿心里是明白自己的计划的，自己控制酒量。但是，太子伋心情很郁闷，因为他完全知道这个阴谋，却只能去死。心情一坏就喝闷酒，很快就醉了。当他醉了的时候，公子寿就拿了他的使节，开着船先走。同时，留了一封信给太子伋。

当然，这一走就碰到了事先安排好的杀手。这些杀手就把公子寿杀了，把脑袋割下来，放在盒子里。这些杀手杀人很简单，他们看见有使节的人，就以为是太子伋，于是就把他杀了。

太子伋醒过来一看：弟弟的船怎么已经开了？再看到弟弟留给他的信，大吃一惊，赶紧下令让自己的随从开船，去追赶公子寿。这就是"二子乘舟"这个故事的由来。

太子伋的船往前追，就看到公子寿的船正好迎面向自己驶来。此时，公子寿已经被杀了，但太子伋不知道，他很聪明，就喝问："主公交给你们的事情办好了没有？"这些杀手不知道这个人是谁，他们以为是卫宣公派来的密使，就捧上这个盒子："我们办好了，已经把太子伋给杀了，我们来请赏。"

太子伋打开一看，里边装着自己弟弟的头颅，自然非常哀痛，当时就叫冤枉。旁边的杀手觉得很奇怪："这有什么好奇怪的！父亲杀儿子，有什么好冤枉的？"这个时候太子就回答："我才是真正的太子伋，我得罪了自己的父亲，父亲要杀我，但这是我的弟弟，他有什么罪？他得罪了谁？你们为什么要杀他？"这些杀手到了这个时候，才知道自己搞错了。

太子伋对这些杀手说："我不会跑的，我跑你们也没有办法交差。这样吧，你们现在知道我是太子伋了，干脆把我的头也砍下来。这样既能完成国君交给你们的使命，也好弥补你们的误杀之罪。"由此可见，太子伋是一个非常厚道的人。这些杀手一听这话，当然也就不客气了，就把太子伋杀了。他们把这两个公子的头装好，回到卫国，向卫宣公复命。

卫宣公听到太子伋和公子寿居然同时被杀的消息，当时就昏过去了，因为毕竟是两个儿子，而且他还是喜欢公子寿的。所以就叫："宣姜误我。"他就怪在女人身上。由于这样的过错，一下子把自己已经立好的储君和将来可能要立的接班人全杀了。不久，卫宣公因为痛心和悔恨病倒在床，半个月后就死了。

卫国的人非常同情这两位公子，但又不好明说，因为这两个公子之死，完全是自己的国君下令干的。但是，任何阴谋终究是瞒不过百姓的，卫国的百姓就写了《二子乘舟》在民间传唱。

春秋时代，各个诸侯国宫廷继位的问题不断地发生，有血缘关系的亲属彼此之间的仇杀从来没有停止过。因此，这个时代被孔子视作天下大乱的时代。既然孔子认识到这个时代天下大乱了，那么，孔子觉得自己有什么办法吗？请大家听下一讲。

第十四讲　诗既亡，春秋作

诗①既亡，春秋②作，寓③褒贬，别④善恶。
三传者，有公羊⑤，有左氏⑥，有榖梁⑦。

---

① 诗：《诗经》。

② 春秋：书名，相传是孔子根据鲁国的史书编写而成。

③ 寓：寄托。

④ 别：区分。

⑤ 公羊：书名，即《春秋公羊传》。

⑥ 左氏：书名，即《左传》，也称《左氏春秋》。

⑦ 榖梁：书名，即《春秋榖梁传》。

诗既亡，春秋作

孔子认为《诗经》的精神是非常美好的，所以说："诗三百，一言以蔽之，曰：思无邪。"但是，"诗既亡，春秋作"。《诗经》中美好的精神为什么会灭亡呢？传说中导致周王朝衰败的美女褒姒，是否真有其人？而周幽王烽火戏诸侯又是怎么回事？孔子是在什么情况下编订《春秋》的？《春秋》中寓褒贬、别善恶的重要作用又是如何体现出来的？后来的人们常把《春秋》作为史书的代名词，但为什么这部史书叫《春秋》而不叫《冬夏》呢？《春秋》还有一个名字叫《麟经》，这其中又有一个什么样的故事呢？

　　孔子在编订《诗经》的过程中，心中有一种哀怨，他觉得里面有好多血淋淋的故事，好多伦常之变。孔子认为天下大乱了。那么，面临这样大乱的世界，在政治上从来没有很得志的孔子，手中只有刀和竹简的孔子，有什么办法来应对这个大乱的世界呢？他只有一个办法，编订《春秋》。

　　所以《三字经》接着讲："诗既亡，春秋作，寓褒贬，别善恶。"《诗》已经做完了，所以孔子就编订了《春秋》。编订《春秋》是为什么呢？并不仅仅是为了记录这一段历史，而是把褒贬之义，把他要表扬的、要批判的东西包含在《春秋》里，把他对善良的、丑恶的区分蕴含在《春秋》里。

　　首先我们要说明什么叫"诗既亡"，难道诗歌都没有了吗？

　　当然不是这个意思。我们今天不是还能够看到这三百零五首诗歌吗？《孟子》里有一段话："王者之迹熄而《诗》亡，《诗》亡然后《春秋》作。"实际上是指诗歌的精神消失了。这种美的东西、善的东西、柔的东西、和谐的东西没有了。这样，就有了一部《春秋》，通过孔子的编订出现在世间。

　　"诗既亡"的历史背景是什么？从哪个时间开始？从哪一个事件开始标志着天下大乱，标志着《诗经》的精神终结了呢？这又是一个和女性相关的故事。在中国传统社会中，往往把各种各样的罪过推诿于女性，毫无疑问这是不对的。

接下来发生的这个故事，标志着中国历史进入新的一页，标志着天下大乱的开始。什么事呢？我相信大家都听说过，就是所谓的烽火戏诸侯，也就是那个非常著名的美女褒姒的故事。历史上，究竟有没有过褒姒这个人？这是多少有点争议的。但是，根据《史记》的记载，褒姒应该是历史上真实存在过的一位女性，一位美丽但命运悲惨的女性。

传说褒姒的美貌倾城倾国，是古代中国的一个大美女，因此被很多文人斥为导致周王朝灭亡的"红颜祸水"。那么褒姒究竟是一个什么样的女人？她怎么会和烽火戏诸侯有关系？又为什么说，烽火戏诸侯是天下大乱的开始呢？

公元前781年，与卫国发生的这两幕悲剧大致相当的年代里，周宣王去世。周天子是当时最大的王了。周宣王去世以后他的儿子继位，就是臭名昭著的周幽王。

周幽王昏庸无道，唯一感兴趣的事情，就是到处寻找美女。他有个大夫叫越叔带，劝他应该理理朝政，把心思放正一点。周幽王恼羞成怒，就革去了这个大臣的官职，把他撵到荒远的地方。

中国的士大夫是有一种精神的：一个人进谏不行，第二个人跟着上。第二个人是谁呢？一位姓褒的大夫，他一看，周幽王怎么那么糊涂啊？他接着进谏，结果又被周幽王关进了监狱。

但是，这位姓褒的大臣在监狱里关了三年，被放出来了，为什么放出来了呢？这位大臣的儿子进献了一个美女给周幽王，所以周幽王就把这大臣放出来了。这个美女就是褒姒。

看样子，褒姒是这个大臣的家人为了救他到民间找来的一个美女。但把自己家族的姓给了她，让她姓褒，实际上未必是褒家的骨肉，而是民间一个天生丽质的苦命的美女。

周幽王一见到褒姒就特别喜欢。但是，褒姒整天皱着眉头，不论周幽王怎么去讨好她，怎么去逗她，她就是不笑。周幽王很着急，觉得自己贵为天子，居然没办法让这个女孩子笑，很失落，没有成就感。

这时一个叫虢石父的大臣就对周幽王讲："我有一个主意，能够叫褒大美人笑给大王您看一看。"周幽王当时觉得天底下最大的事情就是让褒姒笑一笑，所以就说："你赶快告诉我。"虢石父跟周幽王讲："您还记得，从前为了防备西戎，也就是西边的少数民族，来侵犯我们的国都，我们不是在山上造了二十几座烽火台吗？"这周幽王说："是啊，有烽火台，怎么了？"

虢石父说："这个有意思。因为原来我们跟周围的诸侯国是有约定的，只要看见这二十几座烽火台点火，那就说明天子您受到威胁，各国诸侯就必须带着兵马前来勤王，要保护您。您想想看，您把褒姒带到旁边看着，叫人点火，各国的诸侯肯定是汗流浃背往这里赶，千军万马在山底下赶来赶去，多好玩。褒姒肯定没见过这个场面，她能不笑吗？"周幽王十分糊涂，连声说："好办法，好办法，赶快点火！"

烽火台的特点是白天点烟，晚上点火。烽火台不是整天点火的，白天点火在远处看不着，白天点的烟叫狼烟。晚上点火才看得到，所以周幽王就在一个晚上点起火来，这一点当然满天是火光了，二十多座烽火台都着起来。临近的诸侯看见烽火，赶紧带着兵马全副武装往京城赶。

赶到京城一看，听说大王在山上，还以为大王已经逃出京城躲到山上去了，赶紧带着兵马赶到山下。只听见山上奏着音乐，唱着歌，一点事没有。大家你看看我我看看你，不知道是怎么回事。这时候，周幽王就笑着跟他们说："诸位，辛苦了，这里没有敌人，你们回去吧，别在这儿待着了。"

诸侯们认为，动员全国的兵力赶过来上一个大当，很让人愤怒，但敢怒不敢言。因为，那时候周天子还是天下共主，周幽王就是最后一代天下共主。于是，只能灰溜溜地带着自己的兵马，整队向后转，回去了。褒姒一看，这太好玩了，就嘿嘿一笑，周幽王大为高兴，重赏了出主意的虢石父。

周幽王本来就是个很昏庸的王，从此变本加厉，大肆压榨剥削老百姓。他任命佞巧的虢石父主持朝政，引起了国人的怨恨。他十分宠爱褒姒，听信褒姒的话，废掉了自己的王后和太子，把褒姒立为王后，立褒姒之子伯服为太子。

原来的王后和原来的太子则逃回了王后原来的国家申国。

公元前772年，申侯，即被废皇后的娘家家长，看不过去了：我这个嫁过去的女儿又没有什么过错，你凭什么把她废了？我的外孙也没过错，本来是太子，你怎么把他废了？于是，就联合犬戎，那可是西北非常彪悍的少数民族，开始进攻西周。周幽王一看，这可怎么办？就赶紧点起烽火。

可是，这下诸侯谁也不来了：我上次来跑一次，就换你褒姒笑一笑，汗流浃背，又回去了，你这次再点火，谁知道你又要干吗？所以诸侯谁都不来，一个救兵也不到。京城的兵马本来就不多，只有一个人叫郑伯友的带头出去抵挡了一下。但是，这个人兵马太少，而且一出去就被叛军乱箭射死。京城被攻破，周幽王和虢石父被杀，褒姒被掳走，不知所终。

原来被废的太子就成为天子，就是周平王。周平王把都城迁到了洛邑，这就是中国历史的一个分水岭。周幽王之前叫西周，周平王把国都迁到了比较靠东的洛邑，所以这以后叫东周。

东周开始于公元前770年，分为春秋和战国两个阶段，这个时代的特征是什么？四个字：天下大乱。因为没有人再拥戴周天子了，周天子就是一个傀儡。接下来就是春秋争霸、战国七雄。华夏大地战火连天，连个统一的象征也没有了。

东周还有周天子，但现在号令不行，政教不修。周天子自暴自弃，躲在洛邑，对那些日益强大的诸

侯束手无策。于是，各国当然就不采风了，这个制度就被取消了，"国风"就没有了。那些诸侯国也不去拜见周天子了，"大雅"消失了。周天子也没有诸侯好宴请了，谁都不来看他了嘛，"小雅"消失了。谁还会在意去祭祀自己的祖宗呢？乱世啊，庙都没人管了，"颂"消失了。"风""雅""颂"都消失了，诗歌的精神当然也就亡了。所以叫诗既亡。

"世衰道微，邪说暴行有作，臣弑其君者有之，子弑其父者有之。"到了这个份儿上完了，世道乱了。乱到什么地步呢？各种各样邪恶的学说，完全不以真善美为追求的学说，开始横行。周天子名存实亡，没有规矩了，谁也管不了谁了。暴行满眼皆是。

"臣弑其君者有之"，臣子怎么能杀国君呢？按照中国传统的伦理当然不行，可是这个时候有。"子弑其父者有之"，中国传统当中什么时候容忍儿子杀父亲的情况？在这个时期也出现了，动不动儿子就要杀父亲。

于是，"孔子惧，作《春秋》"。孔子见世道乱成这个样子，人几乎要变为禽兽了，孔子害怕了，于是就作《春秋》。所以叫"诗既亡，春秋作"。孔

子没有什么办法，他只是一介书生，唯一的办法就是编订《春秋》。

为什么说孔子不是写《春秋》？为什么《三字经》说"春秋作"？这个"作"为什么不能理解为今天的写，而只能理解为编？因为我们知道，《春秋》实际上是比孔子所处时代更早的时期就已经有的一种书，是一种编年体史书。

为什么叫《春秋》不叫《冬夏》呢？这个是有道理的。中国传统文化的东西一般都有它的道理。古人特别重视春、秋两季。春天播种，秋天收割。所以用春秋来形容时间的流逝，好像我们去买东西，没有人说买南北的。据说，那是因为东西对应的是金木，南北对应的则是水火，过去买东西拿个篮子，买个金属、买个木头可以拎回去。但是，能买一篮子水和火回去吗？这有五行学说在里面的。古人的一些称谓，背后都有非常特别的思想，不是随便叫的，所以叫《春秋》不叫《冬夏》。

那么，孔子是怎么修订《春秋》的呢？根据司马迁的《史记》，孔子完全按照自己的意思和标准，对历史事件和人物下断语、做评价，希望以此来确定是非、善恶的标准，希望通过历史来确定什么是对的，什么是错的，什么是善的，什么是恶的，什么是应该做的，什么是不应该做的。

孔子已经没有办法了，他只希望通过自己的笔，给后人留下一种标准。在这样的乱世里，孔子最担心是非的标准都没了，善恶的标准都没了，将来的人连什么是善的、什么是恶的都分不清楚了。孔子觉得这才是最严重的事情。

所以《三字经》讲："寓褒贬，别善恶。"每个字都有它的立足点，不是随意讲的。"别善恶"还好理解，因为记一件事情，会把一件好事记下来，比

如这个人拾金不昧，一般认为这个人总归是好的。可是，怎么去"寓褒贬"呢？怎么把褒贬蕴含在一部历史学的著作里呢？孔子又是怎么做的呢？那就是春秋笔法。什么叫春秋笔法呢？

春秋笔法就是用间接的，表面上很平淡的，不带个人好恶、不带个人感情色彩的文字，寥寥几笔，对历史事件和人物做出结论。

孔子在这方面用词极其讲究。比如古人对于杀人有好几种说法，弑就是其中一种。如果孔子讲甲杀乙，这就是一个事实，那么，估计孔子也不去分辨到底是甲对，还是乙对。但是，如果叫甲弑乙，那么，甲一定是有罪过的，甲一定是错的，乙是对的。因为弑是指以下杀上，以小辈杀长辈，以坏人杀好人。就这一个字，褒贬就出来了。再比如说甲讨乙，那就说明甲是有道理的，因为讨是以有道伐无道，一定是乙有问题。这就叫春秋笔法。

据说，孔子《春秋》一个字的评语既可以表彰伟人，也可以将乱臣贼子钉在历史的耻辱柱上："一字之褒，荣于华衮；一字之贬，严于斧钺。"《春秋》只要有一个字赞扬某人，某人就荣耀得不得了，就好比穿上国君赏赐的华贵的服饰。

如果《春秋》里边对某人有一个字是贬斥、批判
的，那么，这个甚至比被斧子砍脑袋还惨，比死还难受。
因为死是一时一刻的，但是，名声就留下来了。恶人
在人间活八十岁，死了；但是，身后三千年臭名还在
传播呢！自己死了不要紧，还有子孙呢，子孙也抬不
起头来。这就叫"一字之贬，严于斧钺"。

所以孟子讲："孔子成《春秋》，而乱臣贼子惧。"
孔子把《春秋》编好了以后，乱臣贼子都害怕，老想
去打听打听孔子怎么说他的，里边到底对他是褒还是
贬，还是孔老夫子把他给忘了？忘了也不错。这就是
孟子的话。

当然，真的要对历史上的真实情况去考察的话，
许多事恐怕也未必。这只不过是儒家的一个理想，儒
家传统中一种美好的梦想，希望灌注着中国文化传统
的文字，有至高无上的力量。可惜，历史证明这只能
是一种希望而已。

《春秋》还有一个非常文雅的名字，叫《麟经》，
知道的人不多。为什么会有这样一个名字呢？这里边
有一个令人哀叹的故事，而且也是一个时代结束的
标志。

编《春秋》是孔子晚年最重要的工作。当时，有

个猎人捕获了一只野兽，猎人不认识，就去请教孔子。按照中国古代的传统，儒者是什么都要懂的。孔子当然是懂了，最起码在当时的老百姓心目当中，孔子的知识是非常渊博的。所以，猎人扛着怪兽就去问孔子："我今天打到个什么东西？"孔子一看，眼泪就流下来了，哀叹道："这是麒麟啊，麒麟啊麒麟，你到这个乱世来干什么啊？"

麒麟是中国传统中的一种神兽，它代表着祥和，代表着幸福，代表着太平。孔子认为，这个时候天下大乱，麒麟在乱世跑过来干什么啊！这不是被人打死了吗？正因为这只麒麟被打死，孔子就停笔了，《春秋》就没有再编下去了，就停在这个时间点上。两年以后，孔子去世。

记载了鲁国十二位国君在位两百多年间各个诸侯国的历史。这两百四十二年，因此被称为"春秋"时代。换句话说，这两百多年，原来只不过是东周历史上的一段，并没有专门的名称，就因为《春秋》被称为"春秋"。

我们知道，这个年代的古书都是写在或者刻在竹简上的，又有所谓春秋笔法的限制，所以文字非常简略。整部《春秋》记载两百多年的历史，总共才一万八千多字，也就是说平均每年写不到八十个字，平均每个月写不到七个字，平均每个星期写不到一个字。《春秋》简略到这样的地步，后人读起来怎么会轻松呢？怎么会容易呢？怎么会不需要解释和注解呢？

"三传者，有公羊，有左氏，有穀梁。"

《三字经》接着讲："三传者，有公羊，有左氏，有穀梁。"《三字经》的作者非常明白，仅仅去看一万八千来字的《春秋》本文是没法看的，必须根据后人的注解才能明白。

在汉代，讲解《春秋》的主要就是上面讲的三家。《春秋公羊传》的作者叫公羊高，《春秋穀梁传》的作者叫穀梁赤，都属于今文学派。他们都比《左传》的作者要晚一百来年。

按照宋代学者的说法，《公羊传》和《穀梁传》是传义不传事，也就是说它们偏重于解释《春秋》的微言大义。《春秋》里边当然有很多微言大义，我们不是讲春秋笔法吗？《春秋》里面有褒贬，有善恶。《春秋公羊传》和《春秋穀梁传》主要是解释它的意义的，重点不在于补充说明《春秋》背后的历史故事，主要是阐释《春秋》所特有的道德的意义、评断的意义、是非善恶的意义。

但是，《左传》不同，它属于古文学派，主要是通过历史的事实来说明《春秋》的笔法，并且补充了好多《春秋》本文没有记载的事实，所以《左传》特别受到史学家的重视。

　　《左传》的作者大家一般都知道，是左丘明。孔子没有来得及为《春秋》作传就去世了，孔子门下的弟子也没有谁有能力来给《春秋》作传。左丘明是鲁国的史官，他和孔子亦师亦友。他主动接过孔子的工作，为《春秋》作传。作传的时候，左丘明已经失明，成了盲人。《左传》是由他口授，他的弟子整理成书的。

　　《左传》以叙事为主，文笔生动，渲染表达能力极强，几千年来吸引着无数的人。"春秋无义战"，这是非常有名的话。春秋时代战争很多，但没有哪场战争是真正有道义的，打来打去只不过是为了诸侯争霸。《左传》描写战争场面的文字特别有名。

　　《左传》还特别擅长刻画人物，比如描写晋文公、楚灵王等，都是神来之笔。《左传》人物性格非常丰满，情节曲折复杂，这对后来中国的小说产生了深刻的影响。

　　《春秋》是《三字经》所讲的最后一部经。那么接下来应该读什么呢？请大家听下一讲。

第十五讲

经既明，方读子

经^①既明^②，方^③读子^④，撮^⑤其要^⑥，记其事。

---

①经：儒家经典。

②明：明白、懂得。

③方：方才。

④子：诸子百家的著作。

⑤撮：摘取。

⑥要：要点。

经既明，方读子

　　《三字经》作为儒家思想的启蒙教材，在将儒家的经典全部讲完以后，开始介绍先秦诸子的思想。先秦诸子，是中国传统文化思想的代表人物。诸子百家各抒己见，言论观点各不相同，尤其是对于一些社会问题和人生问题，都提出了自己独到的见解，而其中尤以儒、道、墨、法、名五家的思想对于后世的影响最为深远。那么，都包括哪些思想？它们的代表人物又是谁？又留下了哪些有趣的故事？

"经既明，方读子，撮其要，记其事。"这些话从表面上看很清楚，也就是说"经"都给大家讲清楚了，这才开始读"子书"。怎么读呢？"撮其要，记其事。"也就是说大致记住里边的要点，记住里面记载的一些事件就行了。

表面上看没有什么需要解释的，实际上恐怕未必如此。因为《三字经》的作者肯定是一位笃信儒家学说的学者，这一点毫无疑问。《三字经》的作者认为儒家以外诸子的学说不那么纯粹，这就意味着诸子的学说里边，既有值得学习的东西，也有需要防范的东西。

春秋中期，在中国的文化史上发生了一场巨大的变动，从学在官府变成了学在民间。在春秋中期以前，一个人想要学习什么东西，只能到官府里去跟随官员学习。在民间是没有办法学东西的，没有这个条件。而到春秋中叶以后发生了变化，各种的学问、学说在民间开始传播。

到了战国时代，由于有学在民间的前提，社会又剧烈地动荡。前面我们讲过，战国时代的关键词就是争雄，战火纷飞，整个社会不太平。各个学派的代表人物在民间慢慢形成了自己的思想，议论政治，讨论时事，激扬文字，这就是著名的"百家争鸣"。

"百家争鸣"是中国文化史上非常辉煌的一页。百家是不是真有一百家呢？这个家不是流派，一个流派里边会有好几家，比如儒家里边，孔子、孟子、荀子，这就是三家，当然还不止这三家。所以，百家是指名家，并不是指流派。而在当时，主要的流派是儒、道、法、墨、名、纵横、杂，这几个大派是"百家争鸣"里面最重要的。当然还有别的一些流派，相对就不那么重要了。

在《三字经》里，主要讲的就是儒家，接下去也会讲到道家。在诸子部分里面，我特别给大家简单介绍一下墨家、法家和名家。为什么我选择跟大家讲这三家呢？这是有依据的。国学大师章太炎先生就认为，除儒、道以外，这三家最重要。

章太炎是何许人？民国初年，北京大学国学门或者中文系的教授，一大半是章太炎先生的学生，包括鲁迅先生。章太炎还是一个革命者，参加了辛亥革命，反对袁世凯称帝。他把袁世凯授予他的大勋章做成一个坠子，扇着扇子，跑到袁世凯的宫门面前，大骂袁世凯包藏祸心，想恢复帝制，把共和的成果给毁掉了。

这样一个了不起的人物，袁世凯不敢杀他，就把他软禁起来。章太炎先生面对袁世凯派来软禁他的军警，要求这些军警每天向他磕头请安，为什么呢？"你们是伺候我的嘛，不是袁大总统叫你们伺候我的吗？来来来，磕头吧。"

章太炎先生不仅学问好，而且人格、道德也了得，非常值得人敬仰。章太炎先生认为，儒、道、墨、法、名五家是诸子里面最重要的。所以我想重点给大家介绍一下这几家。

墨家的创始人据说是墨子，墨子的理论和孔子的理论大不相同。可以说，在战国时代，儒家的主要反对者就是墨家。墨家在当时的影响丝

毫不亚于儒家，两家的好多意见是针锋相对的。

比如，儒家讲究慎终追远，讲究孝，讲究对祖先长辈的恭敬，所以提倡厚葬。当人去世以后，要有非常丰厚的陪葬，丧事要办得很风光、很隆重，有的时候往往流于铺张。但是，墨家旗帜鲜明地主张薄葬。人走了，随便裹裹埋了就是。

又比如，儒家讲仁爱。仁爱是有等次之爱，比如儿子对父亲的爱、儿子对爷爷的爱、儿子对叔叔的爱、儿子对阿姨的爱，那是不一样的，是有轻重等级的。所以，什么样的亲属去世了，要服丧的时间就长短不一，有的要服三年，有的要服三个月。有的亲属去世要穿麻布衣服，有的亲戚去世麻布衣服要有绲边，都有规矩。

墨家则主张兼爱。什么叫兼爱呢？墨家的爱是没区别的，天底下的仁爱是一样的，无等次。所以，也有人攻击墨子无父无君，就是说他既然讲大家都一样的，那么父亲和君主是不是没区别，跟普通人也一样啊？

墨家还有一点非常有意思，它的思想方法和近代实验科学的精神很接近，对中国古代的几何学、物理学、光学、工程技术都有重要的贡献。

据记载，墨子会造好多器械。大家看过电影《墨攻》吗？当人家来攻城的时候，来了一个墨者，墨者就是墨家学派的成员了，全城人顿时觉得有救了。因为墨者有技术，懂当时的科学，会筑城，会设计各种各样的机械来对抗进攻。

《墨经》里面有好多牵涉中国古代科学技术和科学思想的内容，今天依然没有得到足够的解释，还有待于进一步研究。这方面的内容很深奥，今天还是不能说完全都读通了。

同时，墨家非常强调实践，有这样的说法，叫"赖其力者生，不赖其力者不生"，这个观念在当时也是相当特别的。墨家反对天注定，反对每个人的命是定死了的。墨家对自己要求极其严格，甚至达到严苛的地步。

《庄子》里有一句描写墨子的话，非常有趣而有名，庄子盯着墨者的腿看，看了大腿再看小腿，发现只要是墨子的门徒，大腿上没汗毛，小腿上也没汗毛。为什么会这样呢？因为他们经常卷着裤腿，要么抗击洪水，要么从事农业，这样的人腿上的汗毛自然就没了。庄子觉得很奇怪，但这也反映墨子学派的人对自己的确非常严苛。

对于法家这个名字，我们大家都耳熟能详，法家在民间的知晓程度比墨家高。法家一般推崇管子、商鞅、韩非子。尤其是后两者，是法家的代表人物，非常著名。

商鞅变法是一个非常有名的故事。商鞅到了秦国，被秦孝公接纳，任命他为左庶长。这是一个比较高的官职，委托他在秦国进行变法。商鞅很快就把变法的各种方案、法规给拟定了。但拟定了却没用，为什么呢？秦国过去有好多法规，言而无信，朝令夕改，老百姓根本不把秦国的法律当回事。

商鞅看到了问题所在，就想改变老百姓的这种心态。他让人在南边的城门竖了一根木头，大概一丈来高。那时的一丈来高也就比一个人高一点。他颁布左庶长令：有将这根木头从城南搬到城北者赏十金。老百姓看着法令很纳闷儿，这叫什么法令啊？这根木头也不重，扛着走一二十里地都没问题。城南到城北才两三里地，扛着这根木头走一次，就给这么多黄金，谁信啊？

商鞅一看，果然，法律的威严和信誉没有建立起来。于是又颁布一条法令：有人将这根木头从城南搬到城北去的，赏五十金。重赏之下必有勇夫，就出来一个人，把木头扛起来，从城南一会儿就跑到城北。商鞅就在城北等着他，二话不说，马上兑现，奖励五十金。

从此，秦国的百姓都知道，左庶长商鞅颁布的法令不是开玩笑的，那都是有信誉的，言必信，行必果。从此，秦国开始走向变法成功的道路。

至于韩非子，那更是集法家大成的人物。韩非子的文笔干净利落，非常好。但是，我建议大家不要在半夜读，为什么呢？夜深人静的时候，会觉得阴森森的：怎么那么漂亮的文字下面，隐藏着那么深的忧虑、那么深的心机、那么苛刻的眼光和判断？比如，防八奸。所谓"八奸"，就是有八类人很奸恶，君主要特别防范。哪八类啊？就是"同床""在旁""父兄""养殃""民萌""流行""威强""四方"。在此，依次做一下解释。

什么叫同床呢？就是君主要把皇后、妃子当作贼来防，要把她们的娘家人防住。因为她们太接近君主了。同床，都睡在一起了，她们还有什么不知道？君主要防住她们。

什么叫在旁呢？在旁边的人、亲近的人，越是跟你亲近的人，越是要把他像奸贼一样地防住。

　　什么叫父兄呢？对于君主的嫡系亲属、血脉之亲，也要把他们像奸贼一样防住。正因为他们跟你有血缘之亲，也就随时可以威胁到你，有资格随时夺掉你的王位。

　　什么叫养殃呢？就是指臣下用美女、用各种各样的手段来诱惑君主，要防住这样的臣下。今天这个臣子进献一个美女，明天那个臣子劝诱微服私行，要把这样的臣子当贼来防。

　　什么叫民萌呢？就是指那些对老百姓施惠的臣子。如果有大臣对老百姓施以恩惠，老百姓很拥护，就得把这样的臣子当贼防。因为老百姓将来可能只认他的好，不认君主的好。

　　什么叫流行呢？就是指臣子权威很高，养着好多门客，养了好多学者，到处操纵舆论，应该把这样的臣子当贼防。

　　什么叫威强呢？这是指如果臣子在蓄养一些壮士，如果发现某一个大臣家里突然来了几个武林高手，就要注意了，应该把他当贼防着。

什么叫四方呢？就是如果发现大臣当中有和外国的关系特别好，经常往来的，就要把这样的臣子当贼防。

这就是八奸。这种观点多么冷酷，不能说它完全没有道理，但它是以一种极度冷酷的眼光来看待世间人情。

韩非子的故事在《史记》里有，见于《史记·老庄申韩列传》。司马迁绝对是超一流的史学家，他把老子、庄子、申不害和韩非子放在一个传里，说明他非常清楚地知道，这些人在精神上是相通的，是一脉相承的。

根据司马迁的记载，韩非子是韩国的公子，是一个贵族，喜欢刑名法术之学，而归本于黄老。他的学说的源头在黄老之说，这是一种阴柔之说。韩非子自小口吃，是极其严重的结巴，在辩士纵横，大家经常要去游说的氛围里，他不是靠口舌，而是靠书写。

　　韩非子和李斯都是荀子的学生，而李斯非常清楚自己不如韩非子。我们知道，李斯先到秦国，得到了秦始皇的重用。刚开始的时候，李斯把韩非子的一些著作进献给了秦始皇。李斯原来的想法或许是想炫耀。哪知道，秦始皇看了这些书以后说：“嗟呼，寡人得见此人与之游，死不恨矣。”当时他还不是秦始皇，还是秦王嬴政，就是说：“寡人我如果有机会见到韩非子，并且有荣幸和他交往的话，我死而无憾啊。”秦始皇对韩非子的评价如此之高，李斯一听吃醋了，这个人心眼儿很小。

　　秦国进攻韩国，某种意义上也是逼迫韩国交出韩非子。韩国就派韩非子出使秦国。秦王一看，韩非子来了，非常高兴。但是，由于李斯在旁边作梗，韩非子没有得到重用。不久，李斯就把韩非子下狱了，而且还派人把毒药送了进去。韩非子饮毒药而死。

　　我们知道，李斯的结局也很惨，他是被腰斩的。因此，法家的结局的确都不太好。

　　孔子曾经讲过“必也正名乎？名不正则言不顺，言不顺则事不成”，就是首先要把一些概念、名称给搞清楚，名家就是主要致力于辨明一些概念的。

　　这一派的著名人物有邓析、惠施、公孙龙，都是一些非常有名的人。邓析是郑国的大夫，这个人好辨明概念，常跟

子产这样非常重要的大官辩论。因为他善诡辩，子产辩不过他，经常被他辩得张口结舌。后来，子产辩急了就把他给杀了。邓析没有什么学问传下来。

惠施是宋国人，比庄子的年龄略大。就连庄子那么有名的一个人，也特别害怕惠施这张嘴，他说不过惠施。惠施的著作现在没有了，但当时很多人引用过，所以，我们今天还能了解一点。特别是庄子，提到惠施的地方很多，就把惠施的好多言论给记下来了。

比如，惠施有个理论，叫"天与地卑，山与泽平"。天地是一样的，没有什么天高地矮的；山与泽平，山和湖泊是一样平的。大家一想肯定不对，这怎么可能对啊？山怎么和湖泊一样平啊？惠施的说法是什么啊？这有什么奇怪的，如果从宇宙的角度看，可不就差不多嘛，它们之间的差距不就可以忽略不计了吗？

还有一个学说："我知天下之中央，燕之北、越之南是也。"就是说天下的中央，在燕地的北面，燕地类似于咱们的北方，越国就在江浙一带。他说天下的中心居然是在燕的北面、越的南面，这不胡扯吗？

这不是胡扯，惠施应该知道地球是圆的，只要用地圆的学说一想不就对了吗？当然找得到这一点，在南方的南方，在北方的北方，是有这么一点为"天下之中央"的意思。这就是惠施的学说。

名家还有一个非常有名的人，叫公孙龙，赵国人，是平原君的门客。《公孙龙子》今天还存有五篇。他最有名的理论就是"白马非马"：白马不是马。为什么说白马非马呢？白是描写颜色的，马是描写这个动物的形状的，颜色和形状是两回事，白马就是白和马。马跟白马有什么关系？白马怎么是马？他就是这样的一种理论。

这个理论实际上类似近代的逻辑学。马的外延比白马大，因为马有红马、黑马；白马的内涵则比马大。所以，在他看来白马不是马。这种学说在当时名家里边非常多。

名家的有些命题听起来很有趣，比如白狗黑，这也是名家代表人物的一个理论。白狗是黑的，白狗怎么会是黑的呢？他说这话有什么意思啊？如果把黑的，当初就叫成白的，白的和黑的不是一样的吗？白和黑都是人命名的，如果说他穿的白衬衣当年叫黑衬衣，那么，他今天不是穿着黑衬衣、白西装来了吗？所以他叫白狗黑。

还有一个非常著名的命题，叫"一尺之棰，日取其半，万世不竭"。一根棒槌一尺长，每天砍它的一半，一万年也砍不完，这就是无穷小的概念。这就是名家的理论，这一派在当时很兴盛。

但是，庄子指出他们的问题："能胜人之口，不能服人之心。"名家在跟别人辩论、游说别人的时候，有时会弄得别人瞠目结舌。但大家心里都不服啊！白狗怎么会黑了？虽然心里不服，但的确说不过他们。

在战国以后，名家的学说没有能够很好地传承下来。今天看来这是一件非常可惜的事。因为名家的学说里面有好多早期的逻辑思想，那是非常可贵的文化遗产。它告诉我们，中国曾经一度有非常发达的逻辑精神。我们都讲中国的传统文化缺乏一种逻辑精神，其实在先秦是有的，但是这一支没有很好地传下来。

《三字经》对我们应该读哪几家子的作品有很独到的看法。那么，它建议我们读哪几部呢？请大家听下一讲。

第十六讲　五子者，有荀扬（上）

五子者，有荀①扬②，文中子③，及老④庄⑤。

---

① 荀：荀况，战略时期儒家的主要代表人物。

② 扬：扬雄，西汉著名文学家和思想家。

③ 文中子：隋代的思想家王通。

④ 老：老子，春秋末期人，道家的开创者。

⑤ 庄：庄周，战国时期道家的主要代表人物。

五子者，有荀扬（上）

　　《三字经》告诉我们，读书求学必须遵守次第，要先通读儒家的经典之后，方可涉猎诸子百家的内容，接下来，《三字经》推荐了诸子中五位重要的人物，他们分别是荀子、扬雄、文中子、老子和庄子。诸子百家，人物众多，各派各家，思想流派纷呈。《三字经》的作者为什么只向我们推荐了这五位？而在这五位当中，我们后世人对扬雄和文中子可以说是知之甚少。那么，他们的主要学说究竟是什么？为什么《三字经》的作者会对他们如此重视？他们的思想对后世又有着怎样的影响？

上一讲，我们把诸子几个主要的流派向大家做了一些介绍。《三字经》推荐给我们五子，在诸子当中它认为有五个人是比较重要的。哪五子呢？"五子者，有荀扬，文中子，及老庄。"

荀子很有名。至于扬子，这个"扬"历来有两种写法，现在也不知道哪个确切，一个是"杨"，一个是"扬"。不过，这是指扬雄，我们都知道。"文中子"也是一位非常著名的学者，"及老庄"那就是老子和庄子。《三字经》为什么特别推崇这五子呢？

荀子（约前313—前238），名况，赵国人，战国时期思想家、教育家、文学家。当时的人尊称他为荀卿，后来也有写成孙卿的。为什么呢？因为中国古代要避讳，比如，中国古代做儿子的，是绝对不能提到父亲和母亲的名字的，做学生的不能提老师的名字。这个规矩是极严格的。所以，为了避汉宣帝刘询的讳，荀卿就被人写作孙卿，"孙"和"荀"这两个字在古代读音是很近的。避讳学在古代非常重要，今天咱们已经不太讲究了，过去是有一套规矩的。

荀况一生到过很多地方，韩非子和李斯都是他的学生，他门下出色的弟子很多。他晚年时到了楚国，历史上很有名的春申君黄歇就任命他担任兰陵令。兰陵相当于今天山东的苍山。他担任过这么一届官职，后来也不当官了，就在家写书，死后被葬在兰陵。

荀子是战国后期儒家的主要代表人物，他最著名的学说，就是反对天命，反对迷信，他提出一个重要的学说，叫"制天命而用之"。如果大家不熟悉这个的话，"人定胜天"应该熟悉吧！"人定胜天"就是这位老先生的学说。

在政治上，他主张礼治和法治并用，这就使他和他的学生产生了区别。李斯、韩非子基本上就是讲法治的，而荀子没有那么极端，他还是强调礼的。他重视王道，提倡礼义，同时主张"法后王"。

儒家的学说基本上主张法先王，即效法过去的王：尧舜禹，了不起；文武、周公，了不起。儒家的学说强调要学习过去的贤王，认为当今的王都不怎么样。但是，荀子提出"法后王"。以前这些君主离我们太远了，也未必像说的那么好，所以应该重视后面的这些王。这个学说是开了法家的先河的。

他赞成用武力兼并天下，用法禁、刑赏来治理国家，这就决定了他是法家的一脉，决定了为什么他的那么多弟子里头，著名的人物都来自法家。

荀子在人性问题上，提出了性恶之说。他公开讲，人性是恶的，"其善者伪也"。"伪"在这里是人为的意思，即人性善是后天培养出来的。也就是说人性本来是恶的，人之所以善，是因为后天改造的结果，是后天学习的结果。如果不重视学习，放松学习，人性就要恶，是靠不住的。正因为如此，荀子非常强调学习和教育的重要性。在先秦诸子当中，荀子对教育的提倡、对教育的重视、对教师地位的重视都提升到一个前所未有的高度。

这里，我特别想跟大家介绍荀子的《劝学篇》。《劝学篇》开宗明义地告诉大家："学不可以已。"就是说学习必须持之以恒，不可中断。他非常著名的话就是："青，取之于蓝而青于蓝；冰，水为之而寒于水。"这就是"青出于蓝而胜于蓝"最早的来源。

荀子认为，学习必须勤奋，不急不躁，持之以恒。他善用比喻，所以《荀子》这部书是很好读的，当然我说的好读也是相对的，它毕竟是古籍。

比如这一段："蚓无爪牙之利，筋骨之强，上食埃土，下饮黄泉，用心一也；蟹六跪而二螯，非蛇鳝之穴无可寄托者，用心躁也。"什么意思呢？蚯蚓没有爪牙，但它居然可以上食埃土，下饮黄泉；蚯蚓在地下打洞，也出来吃土，在下面喝点水。

在荀子看来，蚯蚓凭什么做到这一点呢？用心一也。因为蚯蚓专心致志往上钻往下钻。"蟹六跪而二螯"，蟹身体两旁到底是不是六条腿，我觉得应该是八条，此外有两个大螯。那么，荀子少数两条。但是，"非蛇蟮之穴无可寄托者"，螃蟹只能住在蛇住过的洞里，螃蟹自己不会打洞的。为什么呢？"用心躁也"。螃蟹比较浮躁，不像蚯蚓那样专心。所以，螃蟹不打洞，找蛇的一个洞，往那儿一钻就行了。这就强调学习必须埋头苦干，发挥蚯蚓的精神，可以"上食黄土，下饮黄泉"。为什么？"用心一也"。

荀子通过《劝学篇》告诉我们，只有持之以恒、专心致志地学习，重视每一天的积累，不可稍有松懈，才能慢慢成为一个有学问的人，才会最终成为一个君子。我想，这正是《三字经》作者特别强调《荀子》的原因所在。所以，我再三强调读古书，甚至包括读像《三字经》那样似乎很浅显的古籍，也得用心思量，不能把任何一个字，包括其间的顺序轻易地放过去。

假如说，大家对荀子多少还有点了解的话，那么扬雄就不是非专业的朋友们所熟悉的了。

这个扬雄，肯定没有《水浒传》里面的病关索扬雄有名。看过《水浒传》的人都知道病关索扬雄，在民间不说家喻户晓，也是知之者甚多。其实，《三字经》讲的扬雄，可真不是一个无名小卒。这个扬雄，在《汉书》里面是有传的，能够在正史里面有传的，毫无疑问不是一般人。

扬雄（前53—18），字子云，西汉蜀郡成都人，著名学者，哲学家、文学家、语言学家。扬雄认为，"经莫大于《易》""传莫大于《论语》"。经里面最大的就是《周易》，传里面最大的就是《论语》。所以，扬雄模仿《周易》

写了一部书，叫《太玄》，又模仿《论语》写了一部书，叫《法言》。在当时，扬雄得到很高的评价。

司马光曾经将扬雄的著作和《孟子》《荀子》加以比较，司马光的结论是 "《孟子》之文直而显，《荀子》之文富而丽，《扬子》（指《法言》）之文简而奥"。就是说孟子的文字直白，但比较显露；荀子的文字非常华丽，扬雄的文字简明但深奥。

司马光的评论当然可以证明，扬雄一直到宋朝地位都是很高的。那么，大家也许会问，为什么在宋朝地位那么高的一个人，后来怎么变得好像一般人都不太知道他了呢？

主要的原因是，攻击他的人也不是没有。而且，攻击他的人中有的地位很高，给扬雄致命一击的就是朱熹。他在《通鉴纲目》里面用了六个字："莽大夫扬雄死"，这就宣判了扬雄的死刑。

"莽大夫"，说他是王莽的大夫，这就把扬雄的人品给否定了。因为王莽是新朝以外戚身份篡夺汉朝天下的人物，在中国历史上，他从来不是一个正面人物。虽然人们对王莽的评价有分歧，但基本是负面的。

举一个例子，袁世凯窃国想当皇帝的时候，曾经找了全国好多大学者，希望能够获得支持。前边讲过的章太炎破口大骂，根本不支持，袁世凯还找了王湘绮先生。那是杨度、齐白石的老师，湖南的一位大儒。

这位老人家被袁世凯连逼带哄，带到了北京。他要表明自己并不愿意跟袁世凯合作，因为一合作就要被士大夫骂，在中国传统的士大夫当中变得毫无地位。但是，他又不像章太炎那么倔，登门大骂，他做不出来。那么，他是怎么做的？他坐车来到新华门。他擦擦眼睛说："怎么是新莽门啊？"新莽，就是指王莽建的新朝。他假装眼花，但一下子就揭露了袁世凯的本质。

袁世凯一听：这个老头厉害，他老花眼又不能说他什么，总不能把他关起来啊？但是，王湘绮的态度已经昭示天下：我认为袁世凯就是新莽。

朱熹在这里用"莽大夫扬雄死"，正是春秋笔法，一字之贬，严于斧钺。我们讲过春秋笔法的，即："一字之褒，荣于华衮；一字之贬，严于斧钺。"这一斧子，基本上把扬雄"砍"死了。但是，历史上的扬雄究竟是怎么回事呢？我们还是应该有所了解。

扬雄从小勤奋好学，精通《易经》，精通《老子》，善于写赋，文笔非常好。年轻的时候他非常仰慕屈原和司马相如，曾经以司马相如的赋为本，写了好多辞藻华丽的辞赋。他被汉成帝看中后就当了官。

扬雄与王莽是同一时代，他们曾经同朝为官。王莽篡权建立新朝以后，扬雄依然当官。但实际上，扬雄并不是一个趋炎附势、同流合污的小人。他甘于寂寞，不参与朝政，天天在天禄阁校书。天禄阁是汉朝一个藏书的地方。

那么，为什么朱熹还要称他为"莽大夫扬雄死"呢？为什么要用这样一种严厉的笔触在

历史上给他下定论呢？扬雄是一个天生的读书人，但也没有摆脱这种厄运，摆脱不了他跟王莽的干系。这又是怎么回事呢？

刘歆的儿子是汉朝的一个学者。刘歆跟扬雄也是同朝为官，他的儿子为了讨好王莽，就伪造了一道符命。什么叫符命呢？在中国古代，假如要拍马屁，就说早就发现这个人将来可能要当皇帝，或者当大官的，于是就伪造一样老天传下来的东西。上面说，这个人比较有用，他将来能当大官。

还有个例子，"苍天已死，黄天当立"，这就是黄巾军起义时在民间流传的符命。李自成起兵以后，一些读书人伪造了一个符命，就说"十八子当主神器"。就是讲古代有这个预言：李不是十八子吗？姓李的注定要居最高的位置。李自成当然很高兴，觉得自己要当皇帝了。

刘歆的儿子就把伪造的符命进献给王莽。哪知道，这个马屁拍得太心急了。王莽是中国历史上最著名的一个伪君子，他那个时候还没准备好当皇帝呢。有人在这时堂而皇之地把一个符命进献给他，这不是要他的命吗？所以，王莽大怒，刘歆的儿子拍马屁拍到马蹄上，就被抓起来流放了。那么，这跟扬雄有什么关系呢？还真是有关系，刘歆的儿子是拜扬雄为师学古文字的，这就牵连了扬雄。治狱的官员到天禄阁来抓扬雄，扬雄跳阁自杀未遂。他此后一直默默无闻，活到七十一岁。

由此，扬雄在中国文化史上就被快速遗忘，特别是在宋朝理学兴起之后。这里面有很多历史的无奈，也有很多传统因素。但是，我想，扬雄在中国的文化史上应该有一席之地的。

接下来，就要讲到五子中中间那"子"，即王通。王通（584—617），字仲淹，门人私谥曰"文中子"，隋朝绛州龙门（今山西河津）人，著名教育家、思想家。

王通从小学识渊博，据说他很早就进行教学活动了。十五岁时，他把五经读完了，读完以后开始教书，边教书边学习。十八岁的时候有四方之志，开始周游天下，遍访名师同道。这个人读书极其刻苦，"不解衣者六岁"。据说六年都没有脱过衣服。这当然有点夸张，但也说明他极度勤奋和刻苦。

隋文帝仁寿三年，也就是公元 603 年，王通参加科举，成功以后到了长安，很受隋文帝的赏识。这样一个少年才俊，一般都会受到排挤，他也不例外。后来，他当过一些很小的官，但没什么兴趣，所以早早辞职回家写书。他志向极高，写书的目的是为了接续六经。

所以，他用了九年时间，写成一部书，叫《续诗》。

《续诗》《续书》《礼论》《乐经》《易赞》《元经》称为《王氏六经》。
王通写这些书的时候也就二十多岁，他的志向就如此之高远。他写书的宗旨是"服
先人之义，稽仲尼之心。天下之事，帝王之道，昭昭乎"。就是说，写这六经
是为了尊崇先人的经义，探究孔夫子最深刻的思想；天下的事情，帝王之道在
这六经里边，非常明白了。

如此年轻的一位学者，在写六经的同时，还聚徒讲学。在民间，他招了很
多学生。当时，他的名声之大，门下弟子之多，以至于他的门下叫"河汾门下"。
"河"就是黄河，"汾"就是汾河，因为他家就在今天山西一带，所以用这两
条河来称呼。

河汾门下弟子过千人。后来在唐朝鼎鼎大名的一些人，都是他的学生。比
如魏徵，千古一臣，就是这个文中子的学生，后来辅佐唐太宗。他希望能够在
魏晋动乱和儒学衰败之际重新振奋孔学，为儒学在隋唐之际的发展和重兴奠定
了基础。在他死后，他的弟子与他同时代的人称他为至人，即至高无上的人。
还有的人，干脆称他为王孔子。这个人真是了不得。

这么一讲，我们就明白，《三字经》强调他是有道理的，尽管他在今天名
声不大，尽管今天记得他的人不多。但是，他的地位极其重要，主要反映在"承
前启后"这四个字上。换句话说，他是以董仲舒为代表的汉代大儒和以程颢、程颐、
朱熹为代表的宋代大儒的中间环节。理学当中很多重要的概念、范畴，很多重
要的治学方法、修身方法就是王通首倡的。

很可惜的是，王通三十三岁就去世了。这么短的生命，注定他不能发挥更大的作用。但是，谁还能对他有更高的要求呢？凭借在人世间短短的三十三年，文中子王通就已经奠定了自己在中国传统文化史上的崇高地位。

　　王通死后，弟子为了纪念他，模仿孔子门徒记《论语》的做法，编了《中说》，就是指文中子说。这部书也叫《文中子》，也叫《文中子中说》，用讲授记录的形式保留了王通讲课时的主要内容，书中有他和弟子、朋友的对话，共分为十个部分。这部书今天还能找到，有兴趣的朋友不妨看一看。这是一个值得我们纪念、值得我们去阅读的重要人物。

　　接下来的"两子"，那就是对于中国传统来讲怎么高评价都不过分的两个人物，老子和庄子。请大家听下一讲。

第十七讲

五子者，有荀扬（下）

五子者，有荀^①扬^②，文中子^③，及老^④庄^⑤。

① 荀：荀况，战略时期儒家
的主要代表人物。

② 扬：扬雄，西汉著名文学
家和思想家。

③ 文中子：隋代的思想家王通。

④ 老：老子，春秋末期
人，道家的开创者。

⑤ 庄：庄周，战国时期
道家的主要代表人物。

　　《三字经》中的五子，都是先秦诸子百家中的代表人物，而老子和庄子在中国传统文化中的影响更加重要。老子与孔子是同一个时代的人，庄子与孟子是一个时代的人，就像孔孟是儒家文化的代表一样，老庄就是道家文化的代表。关于老子和庄子，民间有许多神奇的传说，那么，老子和庄子究竟是什么样的人？老子和庄子的主要思想是什么？在儒家思想占主导地位的中国传统文化中，老庄的道家思想对中国的知识分子起到了什么样的作用？而老子是在什么情况下写出《道德经》的？庄子的文章又有什么特别之处呢？

《三字经》在这里讲到"及老庄"，就是老子和庄子两个人，他们是道家的代表性人物，对于中国文化和中国人来讲，这两位先哲的重要性是怎么强调都不会过分的。有不少学者认为，倘若不真正地理解老子和庄子的思想，恐怕就不能真正地理解中国传统思想。

首先讲老子，最流行的说法是，他姓李，名耳，字伯阳，曾经当过周朝的守藏吏，类似于今天的国家图书馆馆长，是负责保管周朝的图书的。老子的生活年代不明确，大致在春秋末期。

在中国的历史当中，老子几乎是个神仙。比如，传说老子的母亲姓理。有一天她感应到一颗流星一下钻到自己肚子里去了，于是怀孕了。这一怀就怀了八十一年，这肯定是神话了。

所以，老子一生下来就是白头发、白胡子，他在娘胎里待了八十一年，待成老头了。老子的母亲非常感慨："怎么生下个老子？"她因难产而去世，因为老子待的时间实在太长了。相应衍生出来一个传说，老子怎么生下来的呢？是剖腹产，这剖腹产不是剖腹，而是剖左腋，产在李子树下，因此他姓李。这当然也是神话。

老子是掌管图书的，所以博学多才。当时他的名声就很大，很多人向他请教。那么，老子又怎么会写《道德经》的呢？历来关于这件事情的记载和故事很多。

现在我们知道的大致情况是，公元前520年左右，周王室发生大乱，周景王死了。周景王有个庶子叛变，带着大量的典籍逃到楚国。老子是负责这些图籍的，脱不了干系，只好辞职，离开周朝的都城，打算从此隐居，不再露面了。走到函谷关，函谷关有个关吏叫尹喜子，就请求说："先生，您要隐居了，请您为我们后人留下点东西吧！"老子应这位关吏之请，口授《道德经》。

原本这样一段历史事实，后来被演绎成一个非常精彩的故事。早期有一部书叫《神仙传》，里边就有这样一段故事，说有一天早晨，尹喜子在楼上望气。古人有这个习惯，每天早上登高去望望气，东、南、西、北的气怎么样？然后来判断今天应该干些什么，要发生哪些事情。他突然看到从东面来了一道紫气，紫气东来，就断定，今天有圣人要通过函谷关往西走。

这个尹喜子比较好学，一看到紫气东来，有圣人要来，下定决心要向这个圣人学道，请教点学问。果然，须发皆白的老子倒骑着一头青牛，往这个关口来，要求出关西行。尹喜子要老子出示证件，出关都要证件啊，可老子没有。尹喜子就说："那老人家您可得给我点好处费了。"

老子穷得连驴都买不起，他是骑牛来的，哪里有钱给什么好处呢？尹喜子说："既然没好处，也没钱，那您留部书给我也行。"老子被逼无奈，写了一部《道德经》作为过关的好处费，贿赂了尹喜子，所以我们才有了这部经。

老子过关去了印度，碰见了释迦牟尼。碰见释迦牟尼以后，老子就劝导释迦牟尼，结果把释迦牟尼劝成佛了，这就是中国历史上非常著名的"老子化胡"说。这个说法也许是佛教传进来以后，由于势力太大，道教教徒为争第一自己编的故事。

为什么要叫《道德经》呢，因为它上篇开头是"道可道"，取了一个"道"字；下篇的开头是"上德不德"，取一个"德"字，所以，这部经叫《道德经》。不过有一件事情非常重要，在长沙的马王堆，出土了西汉时期老子的一部抄本，上、下篇的顺序正好跟今天的相反。如此说来，《道德经》在西汉的时候可能叫《德道经》。其实，这不那么重要，因为文字的变化不太大。

接下来讲庄子。庄子名周，据说还有个名字叫子休，他是老子思想和学说的继承者和发扬者。在中国传统中，历来把他们并称为老庄，就像孔孟一样，这正好是配对的。

庄子主要的性格特征，或者处世方式，有一些很明确的特点：淡泊名利，修身养性，清静无为，顺应自然。

庄子和他的弟子的思想主要体现在他的著作里，那就是《庄子》。《庄子》一共分内、外、杂三篇。其中，集中反映庄子思想的主要是三篇，一篇叫《庄子·齐物论》，一篇是《庄子·逍遥游》，一篇是《庄子·养生主》。

庄子写文章的方式和先秦诸子不大一样。他有一种独特的"庄周的风格"，就是大量使用寓言。

孔子直接给你讲道理，"学而时习之，不亦乐乎"。孟子也直接给你讲道理，"人无恻隐之心"。荀子也是跟你讲道理的。韩非子更跟你讲道理，"八奸"给你讲出来。老子实际上也是直接跟你讲道理，只不过老子的道理比较抽象，"道可道，非常道，名可名，非常名"。

庄子则不是，他使用的是寓言的方式。所谓寓言，就是在现实生活当中没有的事情。或者讲人，但他不通过人讲，而是通过某种动物来讲，让你自己去思考、去感悟。这就决定了庄子的思想像水一般流淌，很难被别人断章取义。庄子的话是一个寓言，如果拿掉一

段，这个故事就不完整。所以，庄子的思想不惧怕被后人肢解，这是第一点。

第二点，庄子的观点不容易被历史所淹没。因为这些都是非常有趣的寓言，是一则一则发人深省的小故事，我们屡读屡新，所以不易遗忘。

《庄子》里最重要的一个故事，是他接触到我们人生最根本的问题的故事，就是"庄周梦蝶"。有一次，庄子做了一个梦，在梦里突然发现自己变成了一只蝴蝶，这只蝴蝶在梦里飞舞。但是，他很清楚地知道，这只蝴蝶所有的思考方式，蝴蝶在做的事情，就是他本人要做的事情。等他一觉醒过来，发现自己又是庄子，而不是蝴蝶了。

所以，他提出了这样的问题："不知周之梦为蝴蝶与？蝴蝶之梦为周与？周与蝴蝶，则必有分矣。此之谓物化。"庄子跟咱们一般人不一样。咱们做了个梦也就随它去了，做一个好梦高兴五分钟，做一个坏梦出门多看两眼，也就这么回事。

但是，庄子会琢磨，所以他是伟大的思想家。他觉得这个事情怪了："到底是我在梦中变成了蝴蝶呢？还是我是蝴蝶在梦中变的呢？"他就在琢磨这事儿。他想来想去觉得，庄周与蝴蝶总归是不一样的。于是，得出一个结论："此之谓物化。"为什么说这个寓言，或者说《庄子》里的这段话涉及哪些人生最根本的问题呢？

那么，物化是什么意思呢？这个寓言隐含着一个什么道理呢？为什么说"庄周梦蝶"是对人生终极问题的思考呢？

这个故事是中国哲学史、思想史上一个永恒的话题，已经被后来无数的学者诠释了上千年。但恐怕还未必能完全讲得清楚。实际上，这个故事讲的并不一定是梦，庄子只不过借梦和觉来比喻死和生。他的梦和他醒过来，在他这个故事里都是一个比喻，庄子对人生的处境有深刻的体会，生与死就是庄子对人生体会最深刻的内容之一。

我们说庄子达观，他追求自由，而达观实际上正是对某种无可奈何的处境的态度，或者说一种处理方式。抛开无可奈何这个前提，也就无所谓达观不达观了。那么，生与死正是每个人所必须面对的这样一种无可奈何的处境：生不是你选择的，死也不是你想逃就能逃的。

庄子在这里告诉我们，生和死的确是有区别的。就像蝴蝶和庄子、梦和醒，终究是有分别的一样。那么，庄子用什么来解释呢？或者庄子要告诉我们什么呢？就是告诉我们："此之谓物化。"这就是要顺应变化。

不要拧着干，不要觉得非要怎么样，非要活个三百岁来瞧瞧，庄子认为没有必要。梦里的我是蝴蝶，可以充分享受作为蝴蝶的一种自由自在的乐趣。醒来的我是庄子，那么不妨实实在在地去过庄子应该过的生活。至于孰生孰死，孰梦孰觉，孰为蝴蝶、孰为庄周又何必斤斤计较呢？

说清楚点，庄子想告诉我们的是，死既然是不可知的，干吗去恐惧它？死亡一如西方哲学家维特根斯坦所说，既然并不是生命中的事件，又何必过多地去担心它

呢？现在需要知道的就是，我就是活着的庄子，就要尽到活着的庄子的本分。死后，或者变为蝴蝶，或者化为黄土。那蝴蝶自有它的本分事，黄土也有它的本分事，跟活着的庄子没有什么关系。

庄子就用这样一个故事来阐述一个很难讲清楚的，却在每个人心间都存在着的一个问题。这也就是《庄子》这部书有无穷魅力的最根本原因。

讲生死的问题，庄子也用别的比喻。一天，庄子到楚国去，在路边看到一个死人的头盖骨，他在路边敲着头盖骨："哎呀！老兄啊，如今你这番样子，是不是因为你活着的时候太纵欲、太荒唐了？或者是你的国家破灭了，你受了斧钺之苦被人砍杀的呀？或者是因为你过去有什么不轨的行为，给家族丢脸了，然后被扔在这里啊？还是你受不了冻，挨不了饿，倒毙在路旁的？还是你年寿已高，在这里寿终正寝啊？"

说完，庄子捧起这个头盖骨走了，后来，庄子将它枕在头底下睡觉。半夜，他又做梦了，这次不是梦见蝴蝶，而是这个头盖骨托梦："哎，这位老兄，白

天你敲了我半天。从你的话看来，你这个人能言善辩。不过，好像你境界不行。你所说的都是活着的一种忧患；只有活着，才会有死亡的恐惧。你别管那么多闲事，别管我是正常死亡还是非正常死亡，反正我死了，死了以后怎么还会有死的恐惧呢？你怎么样？要不要听听关于死亡的哲学啊？"

庄子讲："好，洗耳恭听。"这个头盖

骨就侃侃而谈。头盖骨讲："死亡的王国里没有高高在上的国君，没有在下的臣子，也没有四季，自由自在，无拘无束，能与天地同存。这份快乐，人间的帝王也比不了。"

庄子当然不相信。他对头盖骨讲："哎呀！老兄，咱俩有这个缘分，我可以叫司命之神来恢复你的身形，让你长出骨肉、肌肤，让你回到你的父母、妻儿、邻里、朋友那里，去享受人伦的快乐，怎么样？你愿意吗？"

头盖骨却突然皱起眉头来："谢谢你，我怎么能放弃死亡王国的快乐，而回到人间去备尝辛劳呢？你这个人，我真是不能跟你讲道理。"头盖骨一边说一边就在梦里一溜烟地跑了。

这是庄子的故事，也是庄子的一个梦。这个梦告诉大家的也是关于生与死的，这种非常终极的问题。所以我讲，阅读《庄子》是一种特别的享受。

庄子认为，人生的最高境界是逍遥自得，是一种精神的自由，不受限制。绝对不要太在意俗世的这些名利。他认为这些名利没有什么意思，名利会成为一种枷锁，把你牢牢地绑住。人在追名逐利的过程中，无形中给自己绑上了一道一道绳索，戴上了一副一副锁链。你失去的是自由，但你未必能得到名利。

这种源于自然的人性论和伦理观，为后来的中国知识分子提供了另外一种选择的可能性。中国后来的知识分子基本上都是按照儒家文化的传统培育出来、成长起来的。如果只有儒家学说作为他的世界观、价值观、人生观，大家想想会是什么样子？而庄子则提供了另外一种选择。

中国很多知识分子在非常得意的时候，修齐治平，出将入相，立功、立言、立德，追求三不朽。但是，人生不如意事十之八九，如果你达不到自己的目的呢？庄子就此提供了另外一种选择，就是不妨独善其身，跳出名利的框框，追求内心世界的一种自由，追求精神的自由。所以，在中国的文化传统中庄子的学问和儒家的学问成为互补的一种形态，这就使得中国的文化传统呈现出一种比较稳定的状态。

庄子对后世的中国产生了重大的影响。如果儒家学说代表着官方意识形态的话，那么，庄子就对后世的非官方的意识形态产生了重大影响。传统当中，另外还有一个世界，那就是江湖！

武侠小说当中，这些人是不怎么听话的，自己立一套规矩自己打，自己有自己的规则。"江湖"这个词就是出自《庄子》。江湖上的好多价值观念和官方是不一样的。

比如盗，强盗在官方意识形态当中，怎么可能是好的呢？抓住了都要处罚的，重的还要砍头。但在江湖上就不一定，据说有义盗。《水浒传》里就有好多义盗，武侠小说里一堆义盗，叫作"盗亦有道"。即使做强盗，他也有我的道理，我也有他的价值观。这话也出自《庄子》。所以，庄子实际上提供了某种民间意识形态的一个规范和标准。

换句话说，我们完全可以讲，中国武侠小说的真正鼻祖是庄子。因为在武侠小说当中，寄托了太多现实当中不可能想象的理想，武功、爱情、追求、义气、道义都是一种理想。从这个角度来讲，庄子是真正的武侠鼻祖。

　　同时，庄子还有一个非常重要的思想，崇尚天人合一。用庄子自己的话来讲，天地与我并生，万物与我为一。天人合一的精神境界，就是不把人和大自然切割开来。他认为人和大自然是和谐共处的，是互为一体的，谁也离不开谁。近年来这个思想受到了高度的关注。

　　我们知道，著名的国学大师钱穆先生在临终前的最后一篇文章中讲，他想了一辈子，也研究了一辈子中国的学问，认为中国的精神和文化的最高境界是"天人合一"。

　　还有一位大师级的学者季羡林先生同样得出了类似的结论。他曾反复地讲，中国文化能够贡献于这个世界的最重要的学说和精神就是"天人合一"以及"和谐"的观念。不要把人和自然割裂，不要对自然一味地征服，一味地开发，一味地掠夺。如果持续这么做的话，自然必将报复人类。

　　《三字经》到这里就把四书五经、诸子讲完了。接下来，《三字经》就用寥寥的两百多字，为我们讲述了一部完整的中国历史。请大家听下一讲。

图书在版编目（CIP）数据

钱文忠解读《三字经》. 上 / 钱文忠编著. —— 武汉:

长江文艺出版社, 2023.12

ISBN 978-7-5702-3159-1

Ⅰ.①钱… Ⅱ.①钱… Ⅲ.①《三字经》–研究 Ⅳ.①H194.1

中国国家版本馆CIP数据核字（2023）第091006号

钱文忠解读《三字经》. 上

QIANWENZHONG JIEDU SANZIJING. SHANG

责任编辑：栾　喜	责任校对：韩　雨
封面设计：末末美书	责任印制：张　涛

出版：长江出版传媒　长江文艺出版社

地址：武汉市雄楚大街 268 号　　　　邮编：430070

发行：长江文艺出版社

　　　北京时代华语国际传媒股份有限公司　（电话：010-83670231）

http：//www.cjlap.com

印刷：北京天工印刷有限公司

开本：690毫米×980毫米　1/16　　　印张：16.5

版次：2023 年12月第1版　　　2023年12月第1次印刷

字数：220千字

定价：49.80 元